はじめてでも これならできる

麹のレシピ帖

まむまむ

はじめに

こんにちは！ インスタグラムなどで発酵・麹レシピを発信している、まむまむです。このたびは私の初の著書を手にとってくださり、ありがとうございます！

麹や発酵調味料と聞くと「難しそう」「ハードルが高い」と思われるかもしれません。でも実は「料理が苦手」「もっと簡単においしいごはんを作りたい」というかたにこそおすすめです。私が日ごろからめざしていること、それは「心も体も心地よい食生活」。体によい食事を心がけていても味けなかったり、難しく時間がかかったりしてストレスになっては本末転倒。麹を使って「簡単、おいしい、ヘルシー、楽しい」を感じてほしい。それが一番です！

食を大切にするようになったのは、自身の病や結婚・出産などのライフイベントがきっかけでした。育児をするなかで「体は食べたものでつくられている」ことに気づき、家族のために！ 自分のために！と、健康的な食事作りをがんばる日々。でも、料理が苦手な私の腕前では味けない料理になってしまい、考えることにも疲れ、好きだった食べることさえ楽しめなくなっていきました。

そんなときに麹のワークショップへ参加。市販の塩麹は使ったことがありましたが、手作りしてみると「はかってまぜるだけの簡単さ」に驚き、「麹調味料を使った料理を食べてみたらこんなにおいしくなるんだ！」とさらに驚き、「調理法を聞くとこれまたとても簡単」でもっと驚き！そして、「おのずと健康的な食事になっている」ことに衝撃を受けました。

手作り調味料のおかげで家族の「おいしい」が増え、料理上手になったかのような錯覚を起こし、健康的なごはんを毎日肩の力を抜いて楽しめるように。今では麹にすっかりハマり、このおいしさや喜びを発信・共有したいとインスタグラムをスタートしました。麹調味料は私にとって魔法の調味料。このすばらしさを多くの人に伝え、「おいしく、楽しく、心地よい」食生活を送るかたを増やしていきたい。みなさん、ぜひいっしょに麹料理を楽しみましょう!!

まむまむ

簡単麹調味料で
フォロワーさんの
お悩み解決！

まむまむさんのインスタグラムには、麹や発酵に興味をもったフォロワーさんから質問や相談が届きます。おいしく簡単な麹調味料と、幅広いレシピ展開でお悩みを解決し、人気上昇中！

> 料理はあまり
> 得意じゃない。でも
> 家族のために
> おいしく作りたい！

麹調味料があれば百人力。麹調味料だけで料理の味が決まるし、うまみたっぷりなのでシンプルなレシピでもグッとおいしくなります。だしをとる必要もありません！

> 手作りってハードルが高い！
> って思ってたけど、
> インスタを見つけて私もできるように！

麹ってハードルが高く見えがちですよね。私もそうでした。でもやってみると本当に簡単・楽ちん！ 手作りの麹調味料は酵素も元気で、食材をよりおいしく引き立ててくれます。ぜひ、いろいろな料理に活用して。

「麹生活を続けているのに、体調の変化をあまり感じなくて…」

体の変化の感じ方はさまざま。麹は薬ではないので睡眠をとる、適度な運動をする、バランスのよい食事をとるというように、体の調子をととのえる一助として気楽にとり入れるのがいいと思っています。

「忙しいママも大助かり。料理が楽しくなりました！もっとレパートリーを増やして！」

同じように感じてくれるかたが増えてうれしいです！ リクエストありがとうございます。これからどんどんレシピをアップしていきますね！

「長年、便秘に悩まされています。麹って腸にいいの？」

麹の酵素によって生み出されるオリゴ糖が腸内細菌のエサとなり、腸内環境の改善に役立ちます。腸内環境がととのうことで、便通がよくなったり、代謝が上がったりと体質の変化も期待できます。

そもそも 麹 とは？

日本の発酵食品の多くに使われている「麹」。名前は聞いたことがあるけれど、そもそも麹とはどんなものなのでしょう。日本人の食文化に欠かせない麹について理解し、麹が体にいい理由を知ると、麹がより身近に感じられ、親しみがわいてきます。

麹による発酵食品は私たちの食卓の必須アイテム

麹は、蒸した米や大豆、麦などの穀物に、日本の国菌である麹菌「ニホンコウジカビ」を繁殖させたもので、麹調味料に使っている「米麹」は米に麹菌を繁殖させたものをさします。しょうゆやみそ、酢、清酒など、日本の発酵食品は麹によって造られるものがいっぱい。知らず知らずのうちに、毎日のように食べているのです。

（ 麹が体にいい理由 ）

麹が生成する酵素が体内でさまざまに働く

・腸内環境の改善
・免疫機能の向上
・疲労回復を助ける
・美肌づくりをサポート
・アンチエイジング

麹は多様な酵素を生成し、でんぷんやたんぱく質を分解して消化を助け、吸収しやすくしてくれます。また、酵素が生み出すオリゴ糖が腸内細菌のエサになり、腸内環境を改善。腸の健康は免疫機能の向上にもつながります。麹菌の代謝の過程でビタミンB群やパントテン酸など肌の代謝や疲労回復にかかわるビタミン類、美白効果が期待されるコウジ酸も生成。体にいいことづくしです！

麹調味料を使うとおいしくなる!

いつもの調味料を麹調味料にかえると、味つけが簡単に決まるだけでなく、食材をやわらかくしたり、うまみを引き出したりします。おいしさを引き出す酵素は、主にアミラーゼ、プロテアーゼ、リパーゼの3つ。いつもの料理に使うと、その違いに驚くことでしょう。

(おいしさを引き出す主な3つの酵素)

アミラーゼ　　でんぷんをブドウ糖に分解し、食材の甘みを引き出す

プロテアーゼ　たんぱく質をアミノ酸に分解し、食材のうまみを引き出す

リパーゼ　　　脂質を分解し、食材の脂っぽさを抑える

つけ込むことで肉がやわらか!

ポッサム

→ p.26

うまみたっぷりで箸が止まらない!

ポテサラ風
おからサラダ

→ p.44

だしいらずで、味がまとまる

ちゃんぽん風
スープ

→ p.109

ルー不使用なのにコクうま!

麹ハヤシライス

→ p.58

CONTENTS

この本のレシピの決まり

・小さじ1は 5㎖、大さじ1は 15㎖です。火かげんは特に記載のないかぎり中火です。
・野菜類は、特に指定のない場合は、洗う、皮をむくなどの作業をすませてからの手順を説明しています。
・麹は米麹を使用しています。しょうゆは濃口しょうゆを使用しています。米油は香りの少ない植物性油などにおきかえできます。
・レシピの分量は 2 人分を基本とし、多めに作ったほうがおすすめのものは 4 人分や作りやすい分量などで示しています。
・食材の麹調味料のつけおきは、30 分以内は室温、暑いときや長時間の場合は冷蔵室にしています。

PART 1

料理がラクに＆おいしくなる！

ここから始めよう！

塩　麹

「計量してまぜるだけ」なのに、発酵すると
うまみが出てまろやか。料理に使うと風
味がワンランクアップする魔法の調味料で
す。まずは塩麹から始めて、そのおいし
さを体感してください。

塩麹作りの基本の材料

①

生麹 ┊ 乾燥麹

または

水分量が多く賞味期限が短いため、冷蔵または冷凍室で保存。発酵したときに芯が残りにくい。

水分量が少なく賞味期限が長めで常温保存も可能。発酵時に水分調整が必要で芯が残りやすい。

まむまむさんお気に入りはコレ！

**仲宗根糀家
「米糀」**（沖縄）

地元で人気の生麹。活きた酵素にこだわり、職人が手作業で造る。

**まるみ麹本店
「米こうじ（生）」**（岡山）

昔ながらの環境で発酵させた米麹。素材にこだわりあり。

**フードコスメORYZAE
「乾燥米麹」**

農薬・化学肥料不使用の米を雪蔵で熟成、完全無添加で製造。比較的、芯が残りにくい。

塩麹の材料は米麹・塩・水の3つ。身近で手に入るものでかまいませんが、できるだけシンプルなものを使ってほしい。私が日ごろから愛用しているものとあわせて紹介します。

② 塩

精製されていない塩。海水を使用した昔ながらの製法で作られたものがおすすめ。

まむまむさんお気に入りはコレ!

**海の精
「海の精 あらしお」**

しょっぱさだけでなく、うまみやほんのりとした甘みがある。

③ 水

浄水やミネラルウォーターがおすすめですが、水道水でもOK。水道水を使用する場合は、煮沸して冷ましたものを使ってください。

基本の道具

まぜるだけでできるので、道具もいたってシンプル。紹介しているものは一般的なものです。家にあるものでアレンジしてください。

（ ボウル ）

直径 20cm 前後のものが使いやすい。プラスチック製や深さのある食器でも OK。

（ スプーン ）

生麹をほぐしたり、よくまぜたりするときに使う。やや平らなシリコン製のものを愛用。

（ 計量器 ）

塩分バランスなどもあるので、分量はしっかりはかる。デジタルのものが使いやすい。

（ 保存容器 ）

におい移りしにくいガラスやホーローがおすすめ。プラスチック容器やジッパーつき保存袋も可。
※ヨーグルトメーカーで作る場合はサイズに注意。

容器の消毒の仕方

麹調味料を元気に育てるためにも、清潔な容器を使用します。使う前に消毒をしておきましょう。

（ 煮沸消毒 ）

ガラスびんや陶製の容器など、耐熱性のものの殺菌に。

大きめのなべ底にふきんを敷き、洗った容器をのせ、ひたるくらいまで水をそそいで火にかける。

沸騰したら弱火にして約10分煮沸する。とり出して逆さにおき、自然乾燥させる。

（ アルコール消毒 ）

耐熱性でないものの消毒に。食器や調理器具用の、天然由来の除菌アルコールスプレーを使用。

洗って乾燥させた容器とふたの内側にアルコールスプレーを数回プッシュ。自然乾燥またはキッチンペーパーでふきとる。

発酵を早めたいなら！

ヨーグルトメーカー

麹調味料の発酵は常温でできるものも多いですが、あたたかい夏場でも数日間を要します。発酵を早めたいときに便利なのが、温度調整が可能なヨーグルトメーカー。60度で8時間程度、タイマーをセットしておくだけだから楽ちん。夜寝る前に仕込んでおけば朝には完成しています。

塩麹の作り方

まずはベーシックな塩麹から始めてみて。塩がわりにすれば「思いのほか簡単で結構使える」ことがわかります。仕込み5分であなたも料理上手に。和・洋・中さまざまな料理で活躍します。

材料（作りやすい分量）

生麹 ⋯⋯ 100g
塩 ⋯⋯ 30g
水 ⋯⋯ 100㎖

〈 乾燥麹を使う場合 〉

乾燥麹 ⋯⋯ 100g
塩 ⋯⋯ 35g
水 ⋯⋯ 130㎖

※乾燥麹は水分が少なめなので水を増量。塩分濃度を保つために塩も少し増やします。

作り方

1 ボウルに生麹を入れて、パラパラになるまでほぐす。

2 塩を加える。

3 全体が均一になるまでしっかりまぜ合わせる。

4 水を加えてなじむまでまぜ合わせる。

5 消毒した容器に入れる。

※容器は350ml以上のものがおすすめ。

6 側面についている麹を落とし、表面をなだらかにしてふたをする。

あとは発酵させるだけ！

常温発酵 の場合

おく場所

- 直射日光が当たらない
- 湿度が高くない
- 暑すぎない、寒すぎない

発酵期間

- 夏場　4〜5日
- 冬場　1〜2週間

◎1日1回かきまぜる

清潔なスプーンで底から返すようにまぜる。側面に麹が残っていると乾燥してかたくなったり、かびやすくなったりするので水面下になるように表面をならす。

◎2〜3日目に水分量が変化

麹が一気に水分を吸収する。発酵が進むと少し水分がもどるが、麹の種類によっては水分が足りなくなるため水と塩を加えてまぜる。

 →

スプーンで押してならしても麹が空気にふれて水分が足りない状態。

塩分濃度が変わらないように、塩7g、水50mℓを加える。

全体がなじむようによくかきまぜ、表面をならす。

ヨーグルトメーカー を使う場合

60度8時間

びんまたは付属の容器をヨーグルトメーカーに入れ、温度と時間を設定する。発酵開始後1〜2時間たって水分が足りないようであれば常温発酵と同様に水と塩を加えてまぜる。

＼ 完成！ ／

麹の芯がなくなり、指でつぶせるくらいになればOK。とろりとして塩味の角がとれ、まろやかな味に。お好みでブレンダーにかけ、なめらかにしても。

保存

・冷蔵で3カ月
・冷凍で6カ月

塩麹 Q & A

Q —— 塩麹は塩のかわりになるの？

A —— ぜひ塩がわりに使ってください！ うまみやほんのりとした甘みがあるので、塩を使うより塩分量が少ないのに満足感があります。塩麹をレシピの塩とおきかえる場合は2倍の分量を目安に好みで調整してください。

Q —— 発酵しすぎるとどうなるの？

A —— 麹が浮いて二層に分かれたり、アルコール臭がしたりすることがあります。アルコール臭がする場合も加熱調理で使用できることはありますが、風味が異なると感じたら使用をやめましょう。

Q —— 赤ちゃんも食べられる？

A —— 離乳食後期以降の味つけを開始するころから食べられます。腸内環境を良好にするのにもおすすめ。ごく少量から始めてみてください。

Q ── 市販のものより手作りがいい？

A ── 市販のものは品質を安定させるため、発酵が進みすぎないように加熱処理などをしているものがあります。酵素の働きを十分にいかして調理したい場合は、非加熱の商品や手作りがおすすめです。

Q ── 塩分のとりすぎになる？

A ── 仕込む際に使う塩の量に驚かれるかたもいますが、塩麹（塩分濃度13％のもの）は同量の塩とくらべ、塩分量がおよそ$\frac{1}{5}$！ しょうゆ麹も3〜4割が麹のため、塩やしょうゆを直接使うよりも減塩になります。

Q ── 冷凍保存できる？

A ── はい、できます。ジッパーつき保存袋などに移し、空気を抜いて口を閉じ、平らにならして保存。カチカチには凍らないので、スプーンで必要量すくってすぐに使用できます。

できたての塩麹を
とことん簡単においしく食べる！

塩麹が完成したら、初めに味わってほしい簡単レシピ。
いつもの味がグッと深く、おいしくなります！

塩麹ごはん

塩麹入りごはんは炊き上がりふっくら！
お米の甘みやうまみが引き立ちます。

材料（4人分）

米 ····· 360㎖（2合）
塩麹 ····· 大さじ1

作り方

1 米は洗って浸水し（夏場30分、冬場1時間程度）、ざるに上げて水けをきる。

2 炊飯用のなべに入れて水360㎖、塩麹を加えてかきまぜ、ふたをして火にかける。

3 沸騰したら弱火にして8分加熱し、火を止めて10分蒸らす。

なすときゅうりの塩麹浅漬け

さっぱり食べられるごはんのお供！
一晩漬けると味がよくなじみます。

材料（作りやすい分量）

なす ····· 1個
きゅうり ····· 1本
塩麹 ····· 大さじ1
ごま油 ····· 適量
赤とうがらしの小口切り ····· 適量

作り方

1 なすは縦半分に切ってから斜め薄切りにし、水に2〜3分さらして水けをきる。きゅうりは斜め薄切りにする。

2 ポリ袋に1と残りの材料を入れてもみ、空気を抜いて口を結び、冷蔵室に入れて15分以上漬ける。

フォロワー人気 No.1 塩麹レシピ

塩麹だけで!? と驚かれる深い味。
野菜を敬遠しがちな子どもも
たくさん食べてくれる、お守りレシピです。

塩麹ポトフ

材料（3〜4人分）

キャベツ ····· ¼玉
にんじん ····· 1本
玉ねぎ ····· 小2個
じゃがいも ····· 2個
しめじ ····· ½パック
ウインナソーセージ ····· 1袋（150g）
A｜水 ····· 600㎖
　｜塩麹 ····· 大さじ3〜4

作り方

1 キャベツは芯を残したまま縦2等分にし、にんじん
は乱切り、玉ねぎはくし形切り、じゃがいもは食べ
やすい大きさに切る。しめじは石づきをとってほぐす。

2 なべににんじん、じゃがいも、玉ねぎを入れ、その
上にキャベツ、しめじ、ソーセージをのせ、Aを加
えてふたをして火にかける。

3 煮立ったら弱火にして15〜20分煮込む。途中、
上のほうの具材にもスープをかけてなじませる。

食べるときに、お好みであらびき黒こしょうをかけても。
野菜に焼き目をつけてから煮込むと、香ばしさがプラスさ
れてよりおいしくなります。

ポッサム

麹の力で豚肉がやわらかくジューシーに！
いつも子どもととり合いになるごちそうです。

材料（2〜3人分）

豚バラブロック肉 ····· 500g
塩麹 ····· 大さじ2½
A ｜ ねぎの青い部分 ····· 1本分
｜ しょうがの薄切り ····· 1かけ分
｜ にんにく ····· 2かけ
｜ 酒 ····· 大さじ2
B ｜ みそ ····· 小さじ4
｜ コチュジャン ····· 小さじ1
｜ はちみつ ····· 小さじ1
｜ ごま油 ····· 小さじ½
サンチュ、えごまの葉 ····· 各適量
白菜キムチ ····· 適量

作り方

1 豚肉の表面全体にフォークで数カ所穴をあけ、ポリ袋に入れて塩麹を加え、よくもみ込む。空気を抜いて口を結び、冷蔵室で一晩つける。

2 なべに1、Aを入れてひたひたになるまで水をそそぎ、ふたをして火にかける。煮立ったら弱火にしてアクをとり、30分ゆでたら火を止めてそのまま冷ます。

3 食べやすく切って器に盛り、Bをまぜ合わせたサムジャン（たれ）、サンチュ、えごまの葉、キムチを添える。

memo

塩麹の量は、豚肉の重量の 10% が目安です。ゆでたあとの汁はスープなどにして余すことなく使えます。ゆで豚はゆで汁にひたして保存も OK（冷蔵で 2 〜 3 日を目安に食べきってください）。

じゃがいもとねぎの和グラタン

塩麹とみそは相性よく、グラタンにもおすすめ。
ごはんにもパンにも合うおかずです。

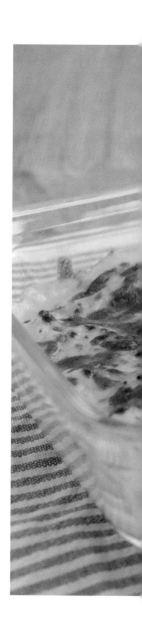

材料（3～4人分）

じゃがいも ····· 小2個
ねぎ ····· 1本
鶏ひき肉 ····· 80g
A｜無調整豆乳 ····· 200㎖
　｜みそ ····· 大さじ1
塩麹 ····· 大さじ1
米粉 ····· 大さじ2
バター ····· 10g
ピザ用チーズ ····· 適量

作り方

1 じゃがいもは拍子木切りにして、かためにゆでるか、耐熱容器に入れてラップをふんわりかけ、600Wの電子レンジで3分加熱する。ねぎは斜め薄切りにする。Aはまぜる。

2 フライパンを熱してバターをとかし、ひき肉をほぐしいためる。肉の色が変わってきたらじゃがいもとねぎを加えていため、ねぎがしんなりしたら塩麹を加えて全体をまぜ合わせながら加熱する。

3 米粉を振りかけ、まぜ合わせて全体になじんだらAを少しずつ加えてのばす。

4 耐熱容器に入れ、チーズを散らしてオーブントースターで焼き色がつくまで焼く。

memo

18.5 ×18.5 ×高さ5.5cmの耐熱容器で作りました。焼き時間は230度で3～5分が目安です。オーブントースターやオーブンがない場合は、工程3のフライパンにチーズをのせて、ふたをして余熱または弱火でチーズをとかしても◎。

塩麹肉じゃが

塩麹のおかげでだしいらず。母の味として子どもに覚えてもらいたい一品です。

材料 （2人分）

A | 豚こまぎれ肉 ····· 100g
　| 塩麹 ····· 大さじ½
じゃがいも ····· 1個
にんじん ····· ½本
玉ねぎ ····· ½個
さやいんげん ····· 5本
B | 塩麹 ····· 大さじ1
　| みりん ····· 大さじ½
　| 酒 ····· 大さじ½
　| 水 ····· 200㎖
米油 ····· 大さじ½

作り方

1 ポリ袋にAを入れてもみ込み、口をしばって15分～一晩（30分経過後は冷蔵室）つける。

2 じゃがいも、にんじんは乱切り、玉ねぎはくし形切り、いんげんは3㎝長さに切る。

3 なべまたはフライパンに油を熱し、じゃがいも、にんじん、玉ねぎをいためる。表面に透明感が出てきたらBを加えてふたをする。煮立ったら弱火にして、10分ほど煮込む。

4 いんげんを加えてまぜ合わせ、1を野菜の上に広げてのせる。再びふたをして弱火でさらに10～15分、途中で肉をほぐすようにまぜながら野菜がやわらかくなるまで煮る。

にんじんしりしり

沖縄の家庭料理を塩麹で簡単においしく。子どももよく食べてくれるのでお弁当にも欠かせません。

材料（2人分）

にんじん ⋯⋯ 1本
卵 ⋯⋯ 1個
塩麹 ⋯⋯ 小さじ2〜3
米油 ⋯⋯ 大さじ½
削り節 ⋯⋯ 適量

作り方

1 にんじんはせん切りにする。卵は割りほぐす。

2 フライパンに油を熱し、にんじんをいためる。しんなりとしてきたら塩麹を加え、全体が均一になるようにいため合わせる。

3 にんじんを端に寄せ、あいたスペースにとき卵を入れて（必要に応じて油を追加しても）いり卵を作り、にんじんとからませる。器に盛り、削り節をかける。

とろろ昆布の塩麹から揚げ

材料（2〜3人分）

鶏もも肉 ⋯⋯ 400g
A ｜ 塩麹 ⋯⋯ 大さじ 2
　｜ にんにくのすりおろし
　｜ 　⋯⋯ 小さじ 1
とろろ昆布 ⋯⋯ 適量
かたくり粉 ⋯⋯ 適量
揚げ油 ⋯⋯ 適量

作り方

1 鶏肉は余分な脂をとり除き、食べやすい大きさに切ってポリ袋に入れ、A を加えてもみ込み 30 分〜一晩(30分経過後は冷蔵室)つける。

2 とろろ昆布をほぐして **1** の鶏肉につけ、かたくり粉をまぶす。180 度に熱した揚げ油に入れ、火が通るまで 4〜5 分揚げる。器に盛り、あれば葉野菜を添える。

> memo　塩麹の量は、鶏肉の重量の 10％が目安です。

鶏だんごと白菜の塩麹煮

材料（2人分）

鶏ももひき肉 ⋯⋯ 200g
白菜 ⋯⋯ 1/8 個
えのきだけ ⋯⋯ 1/2 袋
塩麹 ⋯⋯ 大さじ 1
かたくり粉 ⋯⋯ 大さじ 1
A ｜ 塩麹 ⋯⋯ 大さじ 1
　｜ しょうゆ ⋯⋯ 小さじ 1
　｜ しょうがのすりおろし
　｜ 　⋯⋯ 小さじ 1

作り方

1 白菜はざく切りにし、えのきは石づきを切り落としてほぐす。

2 ボウルにひき肉、塩麹、かたくり粉を入れてよくこね、一口大に分けてまとめる。

3 フライパンに水 300㎖を入れて火にかけ、沸騰したら **2** を入れる。だんごの色が変わったら A を加えてまぜ、**1** を加える。弱火にしてふたをし、ときどきかきまぜながら 10 分ほど蒸し煮にする。

> memo　ひき肉に塩麹を加えたあとは、長くおくと肉がやわらかくとろとろになるため、早めに煮てください。

サクッとジューシー！ とろろ昆布と塩麹の
うまみのかけ合わせで、
ごはんもお酒も進んでしまいます。

しょうが入りでほっこり。
ふんわり鶏だんごは
なべ料理などにも活用できます。

ガーリックシュリンプ

塩水解凍でえびがプリプリ食感に！
おつまみにもおすすめです。

材料（2人分）

冷凍むきえび ····· 200g
塩麹 ····· 大さじ 1
にんにくのみじん切り
　　 ····· 1 かけ分
オリーブオイル ····· 大さじ 1
レモンのくし形切り ····· 1 切れ
ドライパセリ ····· 適量

memo

塩麹の量は、えびの重量の 10％
が目安です。塩麹の粒は焦げや
すいので火かげんに注意して。

作り方

1 ボウルに水 200㎖、塩小さじ1（分量外）
を入れてまぜ、塩がとけたらえびを
加えて解凍する。ざるに上げて水け
をふき、ポリ袋に入れて塩麹を加え、
もみ込んで 30 分〜一晩（30 分経過
後は冷蔵室）つける。

2 フライパンにオリーブオイルとにんに
くを入れて熱し、香りが立ったら1を
加えて両面に焼き目をつけ、弱火に
して火を通す。

3 器に盛り、半分に切ったレモンを添
え、ドライパセリを振る。

鮭の発酵ちゃんちゃん焼き

ヘルシーに、だけどガッツリ食べたい！そんな日にピッタリ。たっぷり野菜と鮭を "コクうま" なみそだれで。

材料（2人分）

生鮭 ⋯⋯ 2切れ
A ┃ みそ ⋯⋯ 大さじ1
　┃ 塩麹 ⋯⋯ 大さじ1
　┃ みりん ⋯⋯ 大さじ1
キャベツ ⋯⋯ ⅙個
にんじん ⋯⋯ ½本
玉ねぎ ⋯⋯ ½個
えのきだけ ⋯⋯ ½袋

作り方

1 生鮭は水けをふき、バットなどに並べてまぜ合わせたAを表面全体に塗り、15分〜一晩（30分経過後は冷蔵室）つける。

2 キャベツはざく切り、にんじんは細切り、玉ねぎは繊維に沿って薄切りにし、えのきは石づきを切り落としてほぐす。

3 フライパンにえのきを広げ、キャベツ、玉ねぎ、にんじんの順に広げて重ねる。鮭に塗ったAをぬぐいとり、野菜の上にまんべんなくのせ、その上に鮭をのせる。

4 ふたをして弱めの中火にかけ、全体に火が通るまで10〜15分蒸し焼きにする。

ささ身のゴロゴロ焼きナゲット

材料（2人分）

鶏ささ身 ⋯⋯ 200g
A │ 塩麹 ⋯⋯ 大さじ1
　│ マヨネーズ ⋯⋯ 大さじ1
　│ かたくり粉 ⋯⋯ 大さじ1
　│ 青のり ⋯⋯ 大さじ1
酒 ⋯⋯ 大さじ1
米油 ⋯⋯ 大さじ1

作り方

1 ささ身は筋をとって1cm角くらいに刻み、ボウルに入れてAを加えてよくまぜる。

2 フライパンに油を熱し、**1**を一口大くらいずつとって直径5cmくらいの平たい円形にして並べる。

3 焼き目がついたら返し、酒を回しかけてふたをして弱火で5分ほど、火が通るまで焼く。

さばの麹カレー竜田揚げ

材料（2人分）

さば
　⋯⋯ 半身2枚（200g）
A │ 塩麹 ⋯⋯ 大さじ1
　│ カレー粉 ⋯⋯ 小さじ½
かたくり粉 ⋯⋯ 適量
米油 ⋯⋯ 適量

作り方

1 さばは食べやすい大きさに切り、水けをふきとる。Aをまぜ合わせてさばにもみ込み、15分ほどおく。

2 フライパンにやや多めの油を熱し、**1**にかたくり粉をまぶして揚げ焼きにする。

memo

塩麹の量は、さばの重量の10%が目安です。

揚げずにフライパンで香ばしく焼くナゲットです。
青のりの香りが食欲をそそります！

カレー味は不動の人気！
大人も子どもも
とり合いになる一品です。
揚げ焼きにして油は少なめに。

塩麹ピラフ

炊飯器で炊くので簡単！小さなお子さんと食べるときは、辛みなしのカレー粉がおすすめです。

材料 （約4人分）

米 ⋯⋯ 360㎖（2合）
冷凍シーフードミックス ⋯⋯ 130g
玉ねぎ ⋯⋯ ¼個
にんじん ⋯⋯ ¼〜⅓本
A ｜ 塩麹 ⋯⋯ 大さじ2
　｜ しょうゆ ⋯⋯ 大さじ1
　｜ トマトケチャップ ⋯⋯ 大さじ1
　｜ カレー粉 ⋯⋯ 大さじ½
　｜ 水 ⋯⋯ 340㎖

作り方

1 ボウルに水200㎖、塩小さじ1（分量外）を入れてまぜ、塩がとけたらシーフードミックスを加えて解凍する。玉ねぎとにんじんはみじん切りにする。

2 米を洗って浸水し（夏場30分、冬場1時間程度）、ざるにあげて水けをきる。炊飯器の内がまに入れ、Aを加えてまぜる。

3 シーフードミックスの水けをきってのせ、玉ねぎとにんじんものせてふつうに炊く。

memo

カレー粉のかわりに、ターメリック、クミン、コリアンダーのパウダーを1：1：1でまぜたもの大さじ½にしてもOK！

ねぎ塩豚丼

時間がないときのお助けスピードレシピ。
男性も満足のガッツリ飯。
「あと3杯食べたい！」をいただきました！

材料（2人分）

豚こまぎれ肉 ⋯⋯ 300g
塩麹 ⋯⋯ 大さじ1½
ねぎ ⋯⋯ 1本
にんにくのすりおろし
　　⋯⋯ 小さじ½
A｜塩麹 ⋯⋯ 大さじ½
　｜レモン汁 ⋯⋯ 大さじ1
　｜酒 ⋯⋯ 大さじ1
ごま油 ⋯⋯ 大さじ1
あたたかいごはん ⋯⋯ 適量

作り方

1 ポリ袋に豚肉、塩麹を入れてもみ込み15分以上（30分経過後は冷蔵室）つける。ねぎはみじん切りにする。

2 フライパンにごま油を熱し、にんにくを加えて香りが立ったら1の豚肉を加えていためる。肉の色が変わったらAとねぎを加えてさっといためる。

3 丼にごはんを盛り、2をのせ、好みであらびき黒こしょうを振る。

キャベツとしらすの塩麹ペペロンチーノ

味つけは塩麹におまかせ！
ひとりランチやパーティーなど
幅広く活躍します。

材料（1人分）

スパゲッティ …… 100g
キャベツ …… ⅛個
しらす干し …… 10g
にんにく …… 1かけ
塩 …… 適量
赤とうがらしの小口切り …… 適量
塩麹 …… 大さじ1
オリーブオイル …… 大さじ1

やわらかい塩けなので、とうがらしなし、にんにく控えめにすると、子どもも食べやすいです。

作り方

1 キャベツはざく切り、にんにくはみじん切りにする。

2 なべにたっぷりの湯を沸かし、塩をとかしてスパゲッティを袋の表示どおりにゆでる。

3 フライパンにオリーブオイル、にんにく、とうがらしを入れて火にかけ、焦げないようにいためる。香りが立ったらキャベツとしらす、塩麹を加えてキャベツがしんなりするまでいためる。

4 スパゲッティのゆで汁大さじ1を加えて全体をまぜ、スパゲッティがゆで上がったらざるに上げてから加え、いため合わせる。

鮭フレーク

まぜごはんやチャーハンに、
お弁当のおかずが少ない日などに
ちょい足しできて便利です！

材料（作りやすい分量）

生鮭 ⋯⋯ 2 切れ（正味 140g）
塩麹 ⋯⋯ 大さじ½
A ┃ 水 ⋯⋯ 50mℓ
　 ┃ 酒 ⋯⋯ 大さじ 1
いり白ごま ⋯⋯ 適量

作り方

1 生鮭は水けをふき、バットなどに並べて表面全体に塩麹を塗り、15 分ほどおく。

2 フライパンに鮭をのせ、A を加えてふたをして火にかける。途中返し、火が通るまで 5 〜 10 分蒸し焼きにする。

3 火を止めて骨と皮をとり除いて身をほぐし、再び火にかけてごまを加えて軽くいためる。

memo

冷めたら清潔な保存びんなどに入れて、冷蔵室で保存。2 〜 3 日を目安に食べきってください。

鮭フレーク

大根葉のふりかけ

大根やかぶの葉、捨てていませんか？
ぜひふりかけにして
余さず楽しみましょう！

大根葉のふりかけ

材料（作りやすい分量）

大根の葉 ⋯⋯ 200g
しらす干し ⋯⋯ 25g
いり白ごま ⋯⋯ 適量
塩麹 ⋯⋯ 大さじ1
削り節 ⋯⋯ 2.5g
ごま油 ⋯⋯ 大さじ1

作り方

1　大根の葉はよく洗ってこまかく刻む。

2　フライパンにごま油を熱し、1をいためる。油が回ったらしらす、ごま、塩麹を加えて、パラッとするまでいため、削り節を加えてさっとまぜ合わせる。

小松菜でも代用できます。冷めたら清潔な保存びんなどに入れて、冷蔵室で保存。2〜3日を目安に食べきってください。

ポテサラ風おからサラダ

塩麹とツナ、削り節のうまみがたっぷり！塩麹マヨネーズのかわりに市販のマヨネーズでもOKです。加熱工程がないから、じゃがいもで作るよりお手軽。

材料 (3〜4人分)

生おから ⋯⋯ 150g
玉ねぎ ⋯⋯ ¼個
きゅうり ⋯⋯ ½本
にんじん ⋯⋯ ⅓本
塩 ⋯⋯ 小さじ½
ツナ水煮缶 ⋯⋯ 1缶 (70g)
A │ 塩麹マヨネーズ ⋯⋯ 大さじ3
　 │ 塩麹 ⋯⋯ 大さじ1
　 │ 削り節 ⋯⋯ 1g

作り方

1 玉ねぎは繊維を断つように薄切り、きゅうりは輪切り、にんじんはせん切りにする。すべてをボウルに入れ、塩を振ってもみ、5分おく。

2 1の水けをしぼり、おから、ツナ (缶汁ごと)、Aを加えてまぜ合わせる。

塩麹マヨネーズ

私のレシピをたくさんのかたに見ていただくきっかけになった
思い入れのあるレシピ。塩麹のうまみが活かされ、卵不使用。
アレルギーのかたや動物性食品を控えているかたにもおすすめ。

材料（作りやすい分量）

塩麹 ⋯⋯ 大さじ1
無調整豆乳 ⋯⋯ 50㎖
米油 ⋯⋯ 100㎖
酢 ⋯⋯ 大さじ1

作り方

清潔な容器やボウルに材料をすべて
入れ、ハンディーブレンダーなどで全
体がなじんでもったりするまでかくは
んする。

memo　ハンディーブレンダーでかくはんするときは、最初は容器の底につけたまま
　　　　スイッチを入れ、半分くらいまざってきたら上下に動かして全体をまぜ合わ
　　　　せると失敗しにくいです。冷蔵で5〜7日保存OK。

塩麹コールスロー

野菜が無限に食べられるやみつきサラダ。
塩麹をしょうゆ麹（p.54）におきかえると
和風コールスローになります。

材料（3〜4人分）

キャベツ ····· ¼個
にんじん ····· ¼本
きゅうり ····· 1本
冷凍コーン ····· 30g
塩 ····· 小さじ½
A | 塩麹 ····· 大さじ1
　 | マヨネーズ ····· 大さじ2
　 | 酢 ····· 小さじ1

作り方

1 キャベツ、にんじん、きゅうりはせん切りにする。コーンは解凍する。

2 ボウルに1をすべて入れ、塩を振ってもみ込む。5〜10分おいて水けをしぼる。Aを加えてまぜる。好みであらびき黒こしょうを振っても。

シーザードレッシング

材料（1回分）

塩麹 ⋯⋯ 小さじ1
無調整豆乳 ⋯⋯ 大さじ1
粉チーズ ⋯⋯ 大さじ1
酢 ⋯⋯ 小さじ½
オリーブオイル ⋯⋯ 小さじ1
あらびき黒こしょう ⋯⋯ 適量

作り方

小びんやボウルに材料をすべて入れてよくまぜる。

memo

サラダの具材は、レタス、半熟卵、焼いたベーコン、クルトンがおすすめ!

チョレギドレッシング

材料（1回分）

塩麹 ⋯⋯ 大さじ½
ごま油 ⋯⋯ 大さじ½
にんにくのすりおろし
　　⋯⋯ 小½かけ分
いり白ごま ⋯⋯ 小さじ1

作り方

小びんやボウルに材料をすべて入れてよくまぜる。

memo

サラダの具材は、レタス、きゅうり、キャベツ、とうふ、海藻がおすすめ!

「お店のよりうまい！」と家族がうなったスープ。
大人も子どもも競うように食べる一品です。

麹クラムチャウダー

材料（3〜4人分）

あさり水煮缶 ····· 1缶
　（100g、固形量 60g）
じゃがいも ····· 1個
にんじん ····· ½本
玉ねぎ ····· ½個
しめじ ····· ½パック
冷凍コーン ····· 30g
塩麹 ····· 大さじ 3
米粉 ····· 大さじ 2
無調整豆乳 ····· 300㎖
バター ····· 10g

作り方

1 じゃがいも、にんじんは 1cm角に切り、玉ねぎはあらいみじん切り、しめじは石づきをとってあらみじん切りにする。コーンは解凍する。

2 なべを熱してバターをとかし、玉ねぎ、にんじん、じゃがいもをいためる。油が回ったらしめじ、コーン、塩麹を加えていため合わせる。

3 米粉を振りかけ、まぜ合わせて全体になじんだら、水 300㎖、あさりを缶汁ごと加え、ふたをして煮る。煮立ったら弱火にして野菜がやわらかくなるまで煮込む。

4 豆乳を加えて煮立たせないようにあたため、器に盛り、好みでドライパセリを振る。

memo ややしっかりめの味つけなので、気になる場合や子ども向けに作る場合は無調整豆乳や水で薄めてください。

豚とキャベツの塩麹スープ

具材たっぷりで満足度の高いおかずスープ。ごはんが進みます！

材料（3〜4人分）

豚こまぎれ肉 ….. 100g
キャベツ ….. 1/8個
えのきだけ ….. 1/2袋
塩麹 ….. 大さじ3
ごま油 ….. 大さじ1/2

作り方

1 ボウルに豚肉と塩麹大さじ1/2を入れてもみ込み、15分ほどおく。

2 キャベツはざく切り、えのきは石づきを切り落としてほぐす。

3 なべにごま油を熱し、**1**をいためる。肉の色が変わったら**2**を加えていため、水600mlを加える。

4 煮立ったらアクをとり、残りの塩麹を加える。キャベツがしんなりしたら器に盛り、好みであらびき黒こしょうを振る。

トマトの塩麹マリネ

材料（2人分）

ミニトマト ····· 15個
A｜オリーブオイル
　　　····· 大さじ½
　｜塩麹 ····· 大さじ½
　｜酢 ····· 小さじ1
　｜レモン汁 ····· 小さじ1

作り方

1 ミニトマトは半分に切る。

2 ボウルにAを入れてよくまぜ、1を加えてあえる。

memo

トマトは時間がたつと汁が出てくるので、食べる直前にあえてください。

塩麹ナムル

材料（約4人分）

もやし ····· 1袋
にんじん ····· ⅓本
冷凍ほうれんそう ····· 80g
A｜ごま油 ····· 小さじ1
　｜塩麹 ····· 大さじ1½
　｜いり白ごま ····· 適量
　｜にんにくのすりおろし
　　　····· 好みで少々

作り方

1 もやしはよく洗い、にんじんは細切りにし、ほうれんそうとともに耐熱ボウルに入れ、ラップをふんわりかけて600Wの電子レンジで3～4分、にんじんがやわらかくなるまで加熱する。

2 汁けをきり、Aを加えてあえる。

パパッと作れるおしゃれ副菜。トマトを湯むきして
丸いまま出すとよりおしゃれ度がアップします!

3色野菜をまとめてレンチン調理!
そのままでもおいしく、ピビンパや
キンパの具としても活躍します。

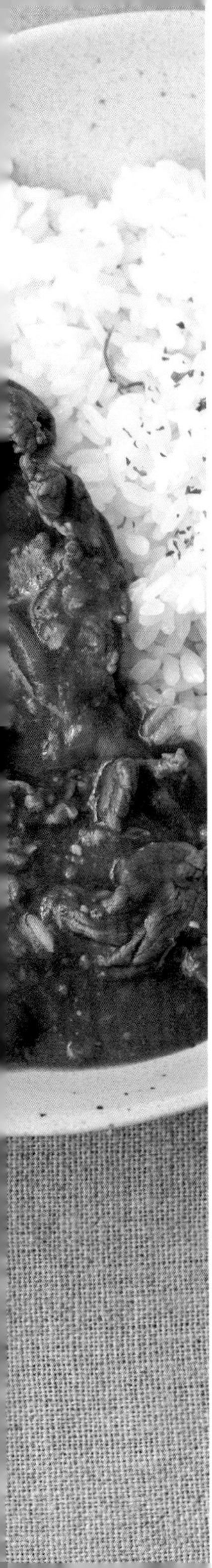

PART 2

うまみたっぷり万能調味料。
材料2つ、仕込みは3分！

しょうゆ麹

麹の調味料といえば塩麹が定番ですが、
どれかひとつと言われたら私はしょうゆ麹
を選ぶかも。それくらい、いつもの料理
になじみ、しかもおいしくしてくれる万能
調味料です。

しょうゆ麹の作り方

材料は塩麹より少ない、2つ。仕込みは3分で完了。材料が少ない分、しょうゆにはこだわっています。しょうゆベースだけれど和食に限らず、洋食や中華でも大活躍!

まむまむさんお気に入りはコレ!

材料（作りやすい分量）

生麹 ····· 100g
しょうゆ ····· 150㎖

〈 乾燥麹を使う場合 〉

乾燥麹 ····· 100g
しょうゆ ····· 190㎖

※乾燥麹は水分が少なめなのでしょうゆを増量します。

オーサワジャパン「オーサワの茜醤油」

国産大豆・小麦使用。酒精は使わず、1年以上長期熟成させる天然醸造。やや甘口でまろやかな味わい。

松合食品「天然醸造九州丸大豆しょうゆ」

農薬・化学肥料不使用の九州産丸大豆と小麦、天日塩を使用。まろやかさ、深いうまみが特徴。

作り方

1

ボウルに生麹を入れて、パラパラになるまでほぐす。

2

しょうゆを加え、しっかりまぜ合わせる。

3

消毒した容器に入れ、側面についている麹を落とし、表面をなだらかにしてふたをする。

※容器は 400mℓ 以上のものがおすすめ。

あとは発酵させるだけ！

常温発酵

[夏場 4〜5 日／冬場 1〜2 週間]

1日1回、清潔なスプーンで底から返すように全体をかきまぜ、表面をならす。また、2〜3日目に麹が一気に水分を吸収。発酵が進むと少し水分がもどるが、麹の粒が水面から出ている場合はひたひたになるまでしょうゆを加えまぜる。

ヨーグルトメーカー

[60 度 8 時間]

しょうゆを 50mℓ 増量してまぜ、容器ごとヨーグルトメーカーに入れ、温度と時間を設定する。1〜2時間後、水分が足りないときはしょうゆを加えまぜる。

完成！

麹の芯がなくなり、指でつぶせるくらいになればOK。とろりとして、塩味の角がとれたまろやかな味に。

保存

- 冷蔵で 3 カ月
- 冷凍で 6 カ月

しょうゆ麹 Q & A

Q ── しょうゆ麹は
しょうゆのかわりになるの？

A ── はい。しょうゆ単品よりもうまみが増しておいしくなるので、ぜひ使ってほしいです。レシピのしょうゆをしょうゆ麹におきかえる場合は同量でOK。味見をして、調整してください。ほっこり煮物もしょうゆ麹でワンランクアップ！

Q ── 加熱したら
麹をとる意味がないのでは？

A ── 麹調味料全般にいえることですが、加熱すると麹菌も酵素も失活します。とはいえ、生で摂取した場合でも胃液でとけてしまうのです。でもメリットはたくさんあります。麹の酵素によって生み出される「オリゴ糖」は腸内細菌のエサになり、「栄養素」はそのまま摂取できます。ほかにも、うまみを引き出したり、消化吸収を促してくれたり。いちばんの利点は「おいしい食事を楽しめること」だと私は思っています。

Q ── 液体と麹の粒が
分離しても大丈夫？

A ── 大丈夫です。使う前にまぜるか、粒が気になる場合はブレンダーにかけてなめらかにしてもOK。ほかの麹調味料も同様です。

できたてのしょうゆ麹を
とことん簡単に食べる!

しょうゆ麹が完成したら、
初めに味わってほしい簡単レシピ。
風味の違いを実感します!

納豆ごはん

しょうゆ麹があれば納豆のたれいらず!
うまみと甘みでよりおいしい納豆ごはんになります。

材料と作り方 （1人分）

あたたかいごはん茶わん1膳分に、
納豆1パック、しょうゆ麹適量をのせ、
まぜながら食べる。

づけ卵

つけるだけで驚きのおいしさ!
ビビンパやラーメン、冷やし中華のトッピングにも◎。

材料と作り方 （2個分）

ポリ袋に好みのかたさにゆでて殻を
むいた卵2個、しょうゆ麹大さじ1
を入れ、袋の空気を抜いて口を結び、
冷蔵室で一晩つける。

小さなお子さんと食べる
場合は、卵をかために
しっかりゆでてください。

フォロワー人気 No.1 しょうゆ麹レシピ

麹ハヤシライス

材料 (4人分)

A | 牛こまぎれまたは薄切り肉 ····· 250g
　 | 塩麹 ····· 大さじ 1½
玉ねぎ ····· 1個
しめじ ····· 1パック
米粉 ····· 大さじ 3
B | トマトピュレ（2倍濃縮）····· 200g
　 | 水 ····· 300㎖
C | しょうゆ麹 ····· 大さじ 2
　 | みそ ····· 大さじ 1
オリーブオイル ····· 大さじ 1
あたたかいごはん ····· 適量

作り方

1　ポリ袋にAを入れてもみ込み、袋の空気を抜いて口を結び15分〜一晩（30分経過後は冷蔵室）つける。

2　玉ねぎは繊維に沿って薄切りにし、しめじは石づきをとってほぐす。

3　なべにオリーブオイルを熱し、玉ねぎをいためる。玉ねぎが透き通ってきたら1を加えていため、肉の色が変わったらしめじを加えて軽くいためる。

4　米粉を振りかけ、まぜ合わせて全体になじんだらBを加えてまぜ合わせ、煮立ったらCを加えてふたをして5〜10分煮込む。

5　器にごはんを盛って好みでドライパセリを振り、4をかける。

なんとルー不使用！ 調味料も3つだけ！
しょうゆ麹のうまみが決め手のハヤシライスです。

薬味たっぷり
しょうゆ麹づけ刺し身

しょうゆ麹は刺し身しょうゆのようにも使えますが、つけるとよりおいしい！晩酌にもピッタリな一品です。

材料（2人分）

好みの刺し身（まぐろなど）
　……1さく（200g）
しょうゆ麹 …… 大さじ1〜1½
しょうがのすりおろし …… 小さじ½
青じそ …… 4〜5枚
みょうが …… 1個
小ねぎ …… 適量
ごま油 …… 適量

作り方

1 刺し身は食べやすい厚さのそぎ切りにし、キッチンペーパーで水けをふきとる。

2 ポリ袋にしょうゆ麹としょうがのすりおろしを入れてまぜ、**1**を加えて軽くもみ、袋の空気を抜いて口を結び、冷蔵室で一晩つける。

3 青じそはせん切り、みょうがと小ねぎは小口切りにする。

4 器に**2**を盛り、ごま油をかけて**3**をのせる。

刺し身はまぐろのほかかつお、たい、ぶり
でも。盛り合わせでもOK！ お好みの魚で、
薬味をたっぷりのせて楽しんでください。

味つけ1つ！
アスパラの肉巻き

味つけはしょうゆ麹におまかせ。
パパッとできるので、
お弁当にもおすすめです。

材料（2人分）

グリーンアスパラガス
　…… 7〜8本
豚バラ薄切り肉
　…… 7〜8枚（150g）
しょうゆ麹 …… 小さじ2
米油 …… 大さじ½

作り方

1 アスパラは下半分をピーラーでむき、豚肉をくるくると巻きつける。

2 フライパンに油を熱し、**1**を肉の巻き終わりを下にして焼く。色づいてきたら転がしながら全体を焼く。

3 キッチンペーパーで余分な脂をふきとり、しょうゆ麹を加えてさっと絡める。

memo

しょうゆ麹は焦げやすいので加えたあとは手早く調理しましょう。アスパラをピーマンやにんじんなどほかの野菜にしてもおいしいです。

スコップキャベツメンチ

揚げずに作れる野菜たっぷりメンチカツ。
みんなでワイワイ、
おもてなしにもピッタリです!

材料（3〜4人分）

豚ひき肉 ····· 200g
キャベツ ····· ¼個
玉ねぎ ····· ¼個
塩 ····· 小さじ½
A│パン粉 ····· 大さじ4
　│卵 ····· 1個
　│しょうゆ麹 ····· 大さじ1
ピザ用チーズ ····· 適量
パン粉 ····· 適量

memo

写真は18.5×18.5×高さ5.5cm
の耐熱容器です。2つに分けて
も大丈夫なので、家にある容器
で作ってください。

作り方

1　キャベツと玉ねぎはみじん切りにして
　ボウルに入れ、塩を加えてもみ、5
　分ほどおく。

2　1の水けをしぼり、ひき肉とAを加
　えて練りまぜる。耐熱容器に入れて
　平たくし、ラップをふんわりかけて
　600Wの電子レンジで3〜4分加熱
　する。

3　ラップをはずし、ピザ用チーズとパン
　粉を全体にかけてオーブントースター
　に入れ、200度で約5分、チーズが
　とけて香ばしい焼き目がつくまで焼
　く。

豚肉の香ばししょうが焼き

家庭料理の定番、しょうが焼きを麹調味料で。切ってつけておけば、あとは焼くだけ！麹の力で肉がやわらかく仕上がります。

材料（2人分）

豚こまぎれ肉 ⋯⋯ 200g
玉ねぎ ⋯⋯ ½個
A | しょうがのすりおろし
　　　　⋯⋯ 小さじ2
　| しょうゆ麹 ⋯⋯ 大さじ2
　| みりん ⋯⋯ 大さじ2
　| 酒 ⋯⋯ 大さじ2
米油 ⋯⋯ 大さじ1

作り方

1　玉ねぎは繊維に沿って薄切りにする。

2　ポリ袋に豚肉、1、Aを入れてもみ込み、30分～一晩（30分経過後は冷蔵室）つける。

3　フライパンに油を熱し、2を入れて肉の色が変わるまでいためる。器に盛り、あればキャベツのせん切り、ミニトマトを添える。

麹チャプチェ

野菜たっぷり、ごはんが進む一品！
はるさめは緑豆はるさめか、さつまいもが
原料の韓国はるさめを使用してください。

材料（2人分）

はるさめ …… 40g
豚こまぎれ肉 …… 120g
小松菜 …… 2株
にんじん …… ⅓本
玉ねぎ …… ¼個
しょうゆ麹 …… 小さじ2
A｜みりん …… 大さじ½
　｜酒 …… 大さじ½
　｜しょうゆ麹 …… 大さじ½
　｜コチュジャン …… 小さじ2
いり白ごま …… 適量
ごま油 …… 大さじ1

作り方

1 豚肉にしょうゆ麹をもみ込む。なべに湯を沸かし、はるさめを袋の表示どおりにゆでる。小松菜は5cm長さに切り、にんじんは細切り、玉ねぎは繊維に沿って薄切りにする。

2 フライパンにごま油を熱し、にんじん、玉ねぎをいためる。玉ねぎが透き通ってきたら1の豚肉を加えていためる。

3 肉の色が変わったら小松菜を加えていため、小松菜がしんなりしてきたらAを加える。なじんだらはるさめの水けをきって加え、いため合わせて仕上げにごまを振る。

memo はるさめを加えてから調味するとベチャッとしてしまうので、加える前にしょうゆ麹を加熱して酵素の働きを止めておくのがポイント。

和風とうふハンバーグ

材料（2人分）

木綿どうふ ⋯⋯ 170g
鶏ひき肉 ⋯⋯ 150g
にら ⋯⋯ 20g
A｜しょうゆ麹 ⋯⋯ 大さじ1
　｜みそ ⋯⋯ 小さじ1
　｜かたくり粉 ⋯⋯ 大さじ1
米油 ⋯⋯ 大さじ1

memo

ようじを刺して透明な肉汁が出て
きたら完成！ ひき肉は豚肉にし
てもおいしいです。

作り方

1 にらはみじん切りにしてボウルに入
れ、とうふ、ひき肉、A を入れて練
りまぜる。

2 1を10等分して片手から片手へ軽く
投げるようにして空気を抜き、直径5
〜 6cmの平たい円形に成形する。

3 フライパンに油を熱し、2を並べて焼
く。底面に焼き色がついたら返し、
ふたをして弱火で3〜4分焼く。

かぼちゃの煮物

材料（2人分）

かぼちゃ ⋯⋯ ¼個
鶏ひき肉 ⋯⋯ 50g
A｜水 ⋯⋯ 50㎖
　｜しょうゆ麹 ⋯⋯ 大さじ1½

作り方

1 かぼちゃは種とわたを除き、食べや
すい大きさに切る。好みで皮をむく。

2 耐熱容器に1とひき肉、A を入れて
まぜ合わせ、ラップをふんわりかけ
て600Wの電子レンジで3分加熱す
る。

3 一度とり出して全体をまぜ、再びラッ
プをかけて電子レンジで3分加熱す
る（まだかたい場合は追加で数分加熱す
る）。

とうふの水きり不要で楽ちん！ しょうゆ麹とみそで
コクとうまみしっかり、ソースいらずのハンバーグです。

煮込まず、レンジでできるから簡単。
忙しい朝やお弁当のすき間埋めにも
おすすめです！

ひじきとツナの和風チャーハン

包丁いらずで簡単！
具とごはんを別にいためることで、
パラパラのチャーハンに仕上がります！

材料 （2人分）

あたたかいごはん ….. 1合分（約330g）
乾燥ひじき ….. 2g
冷凍枝豆 ….. 30g
ツナ缶 ….. 1缶（70g）
しょうゆ麹 ….. 大さじ1
卵 ….. 1個
ごま油 ….. 大さじ1

作り方

1 ひじきは水でもどし、枝豆は解凍してともに水けをきる。

2 フライパンにごま油を熱し、1、軽く缶汁をきったツナ、しょうゆ麹を入れていため、全体がなじんで汁けがほぼなくなったらいったんとり出す。

3 ボウルにごはんとといた卵を入れてまぜ合わせ、2のフライパンに入れて必要に応じてごま油を追加し、平たく焼きつけるようにしながらいためる。ほぐして全体がパラパラになったら2のとり出した具を戻し入れてまぜ合わせる。

memo

仕上げの際、チャーハンをフライパンの
端に寄せて、しょうゆ小さじ1を加えてふ
つふつさせ、焦がししょうゆにして全体を
まぜ合わせるとさらに香ばしくなります。

鮭とごぼうの炊き込みごはん

食材のうまみが引き立つ、ほっこり炊き込みごはん。ベチャつかないような水かげんがポイントです！

材料（4人分）

米 ····· 360㎖（2合）
生鮭 ····· 2切れ
まいたけ ····· ½パック
ごぼう ····· 20㎝
しょうゆ麹 ····· 大さじ1
A | しょうゆ麹 ····· 大さじ2
　 | みりん ····· 大さじ1
　 | 酒 ····· 大さじ1
　 | しょうゆ ····· 小さじ2
　 | 水 ····· 340㎖

作り方

1 米は洗って浸水する（夏場30分、冬場1時間程度）。バットなどに生鮭を並べてしょうゆ麹を表面全体に塗り、15分ほどおく。

2 まいたけは食べやすい大きさに裂く。ごぼうはささがきにする。

3 1の米をざるに上げて水けをきり、炊飯器の内がまに入れてAを加えてまぜる。2と鮭をのせてふつうに炊く。

4 炊き上がったら鮭の皮と骨を除いて全体をほぐしまぜる。器に盛り、好みで小ねぎの小口切りを散らす。

ポキ丼

ハワイのローカルフード「ポキ」をしょうゆ麹で！
塩味がまろやかでごま油の風味もよく、
ごはんが進みます。

材料（2人分）

まぐろ（刺し身用）…… 1 さく（200g）
アボカド …… 1 個
きゅうり …… ½本
A｜しょうゆ麹 …… 大さじ 3
　｜みりん …… 大さじ 1
　｜ごま油 …… 小さじ 1
　｜レモン汁 …… 大さじ 1
　｜にんにくのすりおろし
　｜　…… 好みで小さじ½
あたたかいごはん …… 適量
いり白ごま …… 適量
小ねぎの小口切り …… 適量

作り方

1 まぐろ、アボカドは 2cm角に切る。き
ゅうりは斜め薄切りにしてから細切り
にする。

2 ボウルに**1**と**A**を入れてまぜ合わせ
る。

3 器にごはんを盛り、**2**をのせ、ごまと
小ねぎを散らす。

memo

刺し身デビューがまだのお子さんは刺し
身をツナ缶に変更し、みりんは入れず、しょ
うゆ麹を少し減らして作るといっしょに食
べられます。

冷やし中華

材料 (2人分)

中華生めん ····· 2玉
卵 ····· 2個
きゅうり ····· ½本
ミニトマト ····· 適量
サラダチキンまたはハム ····· 適量
A | しょうゆ麹 ····· 大さじ3
　 | 酢 ····· 大さじ1
　 | ごま油 ····· 大さじ1
　 | レモン汁 ····· 小さじ2
　 | 水 ····· 100mℓ
米油 ····· 少々

作り方

1 なべに湯を沸かし、中華めんを袋の表示どおりにゆでる。卵はといて油を熱したフライパンで薄く焼き、まな板に上げて冷まし、細切りにする。Aはまぜ合わせる。

2 きゅうりは細切りにし、ミニトマトは食べやすい大きさに切る。サラダチキンは食べやすい大きさに裂く（ハムの場合は細切りにする）。

3 ゆで上がっためんを冷水にとって冷やし、ざるに上げて水けをきり、器に盛る。Aを回しかけ、**2**と**1**の卵をのせる。

しらすねぎトースト

材料 (2人分)

食パン（6枚切り）····· 2枚
しらす干し ····· 20g
小ねぎの小口切り ····· 適量
ピザ用チーズ ····· 適量
マヨネーズ ····· 大さじ2
しょうゆ麹 ····· 小さじ2

作り方

1 マヨネーズとしょうゆ麹をまぜ合わせ、食パンに塗る。

2 ピザ用チーズ、しらす、小ねぎを散らし、オーブントースターに入れて200度で3～4分、チーズがとけて香ばしくなるまで焼く。

市販のたれはもう買わなくて大丈夫！ 冷やし中華が
苦手な家族も「これはおいしい！」と喜ぶレシピです。

朝ごはんに迷ったとき、
すぐにできるお助けレシピ。
しょうゆ麹×チーズの発酵コンビが
最高においしい！

和風ガパオライス

和風のさわやかガパオです。
クセが少なく、オイスターソースやエスニック料理が苦手なかたも楽しめる、

材料（2人分）

鶏ひき肉 ····· 200g
干ししいたけ ····· 1〜2枚（4g）
玉ねぎ ····· ¼個
にんじん ····· ¼本
ピーマン ····· 1個
にんにくのすりおろし
　　····· 小さじ½
しょうがのすりおろし
　　····· 小さじ½
青じそのせん切り ····· 4枚分
しょうゆ麹 ····· 大さじ2
レモン汁 ····· 大さじ1
ごま油 ····· 大さじ1
あたたかいごはん ····· 適量
目玉焼き ····· 2個

作り方

1 干ししいたけは水またはぬるま湯でもどし、石づきをとって薄切りにする（もどし汁を大さじ2とっておく）。玉ねぎ、にんじん、ピーマンはみじん切りにする。

2 フライパンにごま油を熱し、にんにく、しょうがを入れていため、香りが立ったらひき肉を加えてほぐしいためる。肉の色が変わったら**1**の具材としいたけのもどし汁、しょうゆ麹を加えていためる。

3 青じそとレモン汁を加えてさっとまぜ合わせて火を止める。ごはんとともに器に盛り、目玉焼きをのせる。

麹ピビンパ

塩麹ナムルも活躍する食欲そそる一品。
肉そぼろはキンパに入れても◎。
多めに作って冷凍しておくと便利です。

材料（2人分）

豚ひき肉 ⋯⋯ 150g
にんにくのすりおろし ⋯⋯ 少々
しょうがのすりおろし ⋯⋯ 少々
A ｜ しょうゆ麹 ⋯⋯ 大さじ½
　　 みそ ⋯⋯ 大さじ½
　　 コチュジャン
　　　 ⋯⋯ 好みで少々
ごま油 ⋯⋯ 小さじ1
あたたかいごはん ⋯⋯ 適量
塩麹ナムル（50ページ） ⋯⋯ 適量
白菜キムチ ⋯⋯ 適量
卵黄 ⋯⋯ 2個分

作り方

1 フライパンにごま油を熱してにんにくとしょうがをいため、香りが立ったらひき肉を加えていためる。肉の色が変わったらAを加えて味がなじむまでいためる。

2 器にごはんを盛り、**1**、塩麹ナムル、キムチをバランスよくのせ、中央に卵黄をのせる。

—— COLUMN ——

食べるしょうゆ麹

香ばしさが食欲をそそる！
ごはんや冷ややっこ、パスタなど
いろいろな料理で活躍します。

材料（作りやすい分量）

にんにく ····· 1 かけ
素焼きミックスナッツ
　（アーモンド、カシューナッツ、
　　くるみ、マカダミアナッツなど）
　　····· 50g
干しえび ····· 5g
しょうゆ麹 ····· 大さじ 2
ごま油 ····· 50g

作り方

1 にんにくはみじん切り、ナッツはあらく砕くか包丁で刻む。

2 フライパンにごま油を熱し、1と干しえびをいためる。香りが立ったらしょうゆ麹を加えて汁けが少なくなるまでいためる。

memo しょうゆ麹を加えたあとは焦げやすいので気をつけて。冷めたら清潔な保存びんなどに入れて、冷蔵室で保存。2〜3日を目安に食べきってください。ごはんにのっけるときは生卵とまぜて食べてもおいしいです。

青じそのしょうゆ麹漬け

あとからくる青じその
さわやかな香りがたまらない！
ごはんが何杯でも食べられます。

材料（作りやすい分量）

青じそ ····· 10 枚
A | しょうゆ麹 ····· 大さじ 2
　| ごま油 ····· 大さじ½
　| 水 ····· 大さじ 1
　| にんにくのすりおろし
　|　 ····· 小さじ½
　| いり白ごま ····· 小さじ½

作り方

1 青じそはさっと洗ってキッチンペーパーで水けをふく。

2 ボウルに A を入れてまぜ合わせ、保存容器の底に薄く塗って青じそを 1 枚のせる。その上に A を塗って青じそをのせるのを繰り返す。ときどき上からスプーンで押さえて、調味料が行き渡るようにする。冷蔵室で 2 時間以上漬ける。

memo 食べるときは漬けだれを少し落とすとちょうどよい味になります。冷蔵室で保存し、2〜3 日を目安に食べきってください。

大根の和風サラダ

子どもが積極的に野菜を食べたがる、
わが家の人気サラダ。量多めの
レシピですが1回で完食します！

材料（4～5人分）

大根（葉側）····· 10cm
にんじん ····· ⅓本
きゅうり ····· 1本
A ｜ かつお粉 ····· 小さじ1
　　｜ しょうゆ麹 ····· 大さじ1½
　　｜ マヨネーズ ····· 大さじ2
　　｜ すり白ごま ····· 大さじ1～2

作り方

1 大根は横半分に切り、繊維に沿って
せん切りにする。にんじんは大根の
長さに合わせてせん切り、きゅうりは
斜め薄切りにしてからせん切りにす
る。

2 ボウルに**1**とAを入れてまぜる。

ラクうまドレッシング

和風ドレッシング

材料（1回分）

しょうゆ麹 ····· 大さじ½
ごま油 ····· 大さじ½
かつお粉 ····· 小さじ½
酢 ····· 小さじ½

作り方

小びんやボウルに材料をすべて入れてよくまぜる。

memo

サラダの具材は、レタス、きゅうり、トマト、海藻、とうふ、貝割れ菜、ツナ缶などがおすすめ！

しょうゆ麹
マヨネーズ

材料（1回分）

しょうゆ麹 ····· 大さじ½
無調整豆乳 ····· 25㎖
米油 ····· 50㎖
酢 ····· 大さじ½

作り方

清潔な容器やボウルに材料をすべて入れ、ブレンダーなどで全体がなじんでもったりするまでかくはんする。

※ブレンダーでかくはんするときは、最初は容器の底につけたままスイッチを入れ、半分くらいまざってきたら上下に動かして全体をまぜ合わせると失敗しにくいです。ブレンダーがない場合は、ふたつきの小びんに入れてシャカシャカ振って乳化させてください。

memo

完成後にすり白ごまをプラスしても◎。マヨネーズがわりや、そのまま野菜（にんじん、きゅうり、大根など）のディップに！

しょうゆ麹のスープ

オクラのとろみスープ

オクラのとろみでかたくり粉いらず。
ほっこりあたたまるシンプルスープです。

材料（2人分）

オクラ ····· 5〜6本
乾燥わかめ ····· 2g
卵 ····· 1個
A｜しょうゆ麹 ····· 大さじ1½
　｜しょうがのすりおろし
　｜　 ····· 小さじ½
　｜水 ····· 400㎖

作り方

1 オクラに塩少々（分量外）を振って板ずりし、さっと水で流して小口切りにする。

2 なべにAを入れて火にかけ、煮立ったらオクラとわかめを加えてオクラがやわらかくなるまで煮る。

3 卵をとき、ふつふつしているところに回し入れる。卵に火が通ってふわっと浮き上がってきたら火を止める。

豆乳担々風スープ

コクうまだけど重くない！
ボリュームがあって、
おかずになるスープです。

材料（2人分）

豚ひき肉 ····· 100g
にら ····· 30g
もやし ····· 100g
絹ごしどうふ ····· 240g
にんにくのすりおろし ····· 少々
しょうがのすりおろし ····· 少々
豆板醤 ····· 小さじ1
A ｜ しょうゆ麹 ····· 大さじ1½
　｜ みそ ····· 大さじ1
　｜ すり白ごま ····· 大さじ1
無調整豆乳 ····· 200㎖
ごま油 ····· 大さじ½

作り方

1 にらは5㎝長さに切る。

2 なべにごま油を熱し、にんにくとしょうがをいため、香りが立ったらひき肉と豆板醤を加えてほぐしいためる。肉の色が変わったらもやしを加えてさっといため、水200㎖を加える。

3 煮立ったらにらとAを加えてまぜ、とうふをくずしながら加える。火を弱めて豆乳を加え、あたためる（煮立たせない）。

memo 豆乳を入れたあと煮立たせると分離するので、あたたまったら火を止めてください。辛いのが苦手なかたは豆板醤をみそにおきかえて。

PART 3

玉ねぎが洋風の調味料に!?
作らなきゃ損！
コンソメがわりにもなる

玉 ね ぎ 麹

————

麹調味料は野菜や果物でも作ることができます。なかでもぜひ作ってほしいのが、すりおろした玉ねぎで作る玉ねぎ麹。ほんのり甘く、独特のうまみが出て、料理のコクをアップします。

玉ねぎ麹の作り方

もっと早く出合いたかった、玉ねぎ麹。驚き
のうまみで和食にも洋食にも使えます。私は、
玉ねぎ麹を作り始めてからコンソメを買わな
くなりました！

材料 （作りやすい分量）

生麹 ⋯⋯ 100g
玉ねぎ ⋯⋯ 小2個（正味300g）
塩 ⋯⋯ 35g

〈 乾燥麹を使う場合 〉

乾燥麹 ⋯⋯ 100g
玉ねぎ ⋯⋯ 正味300g
塩 ⋯⋯ 35g

※麹の種類や玉ねぎの個体差でパサ
つく場合は、水30mℓ、塩3gを追加。

〈 新玉ねぎを使う場合 〉

生麹 ⋯⋯ 100g
新玉ねぎ ⋯⋯ 正味300g
塩 ⋯⋯ 35g

※より甘みが増したみずみずしい麹になり
ます。

作り方

1

玉ねぎを6～8等分のくし形切りにしてフードプロセッサーに入れ、なめらかになるまでかくはんする。

※フードプロセッサーがない場合はすりおろしてください。

2

ボウルに生麹を入れてパラパラになるまでほぐし、塩を加えてしっかりまぜ合わせる。

3

1を加えてまぜ合わせ、消毒した容器に入れる。側面についている麹を落とし、表面をなだらかにしてふたをする。

※容器は550ml以上のものがおすすめ。

あとは発酵させるだけ！

常温発酵
[夏場4～5日／冬場7～10日]

1日1回、清潔なスプーンで底から返すように全体をかきまぜ、表面をならす。

ヨーグルトメーカー
[60度8時間]

容器ごとヨーグルトメーカーに入れ、温度と時間を設定する。

完成！

麹の芯がなくなり、指でつぶせるくらいになればOK。とろりとして、塩味の角がとれたまろやかな味に。

保存

・冷蔵で2カ月
・冷凍で4カ月

玉ねぎ麹 Q & A

Q — 玉ねぎ麹は コンソメがわりになるの?

A — はい。ぜひ使ってみてください! おきかえる場合は、コンソメキューブ1個(約5g)に対し玉ねぎ麹大さじ2〜3を目安に。コンソメの味そのまま!というわけではないので、もの足りなく感じる場合は塩やしょうゆなどを少量プラスして。

Q — 玉ねぎ麹がピンク色や 茶っぽい色に。大丈夫?

A — 「メイラード反応」という、糖とアミノ酸が反応して起こる正常な現象なので、そのまま使って大丈夫です。

Q — 発酵中、カビることはある?

A — 麹もカビの一種。白いふわふわとしたものであれば産膜酵母という酵母菌の可能性! かきまぜが足りないと発生することがあります。体には無害なのでとり除くか、まぜ込んでもOK。ただ、あきらかに風味が異なる場合は、食べないほうがよいでしょう。緑や黒、青など色のついたものは雑菌によるカビなので残念ながら食べられません。

できたての玉ねぎ麹を
とことん簡単に食べる！

玉ねぎ麹が完成したら、
初めに味わってほしい簡単レシピ。
加熱5分で絶品おかずに！

うまポテト

レンジでできる、ジュワァッと
うまみあふれるホクホクポテト。
玉ねぎ麹のおいしさに驚くこと間違いなし！

材料（2人分）

じゃがいも ····· 2個
玉ねぎ麹 ····· 適量
無塩バター ····· 適量

作り方

1 じゃがいもは皮つきのままよく洗い、半分の高さまで十字に切り込みを入れる。耐熱容器にのせ、ラップをふんわりかけて600Wの電子レンジで5〜6分、竹ぐしがすっと入るまで加熱する。

2 切れ込みの部分を少し開いて玉ねぎ麹をかけ、バターをさし込む。

フォロワー人気 No.1 玉ねぎ麹レシピ

タコライス

材料（3〜4人分）

豚ひき肉 ····· 250g
玉ねぎ ····· ½個
にんじん ····· ⅓本
レタス ····· ½個
ミニトマト ····· 1パック（約10個）
にんにくのすりおろし ····· 小さじ½
A ┃ 玉ねぎ麹 ····· 大さじ2
　┃ しょうゆ麹 ····· 大さじ1
　┃ トマトケチャップ ····· 大さじ1
　┃ カレー粉 ····· 小さじ½
ごはん ····· 適量
ピザ用チーズ ····· 適量
米油 ····· 大さじ½

作り方

1 玉ねぎとにんじんはみじん切り、レタスはせん切りにし、ミニトマトは食べやすい大きさに切る。

2 フライパンに油を熱してにんにくをいため、香りが立ったら玉ねぎとにんじんを加えていためる。

3 野菜がしんなりしてきたらひき肉を加えてほぐしながらいため、肉の色が変わったらAを加えていため合わせる。

4 耐熱の器にごはんを盛り、**3**、ピザ用チーズの順にのせて600Wの電子レンジで1分ほど加熱し、チーズをとかす。とり出してレタスとミニトマトをのせる。

うちの子に「何食べたい？」と聞くと
高確率で「タコライス！」と答える子どもウケ抜群のレシピ。
「おいしかった！」のメッセージも数多くいただいています！

memo
ピリッと辛くしたいときは、タバスコをか
けて楽しんでください。

まいたけ香る 包み焼きハンバーグ

ホイルをあけるとまいたけがふわっと香り、食欲を刺激。ふんわりジューシーなハンバーグで、簡単なのにまるでレストランのようなおいしさです。

材料（2人分）

合いびき肉 ····· 200g
まいたけ ····· ½パック
卵 ····· 小1個
A｜玉ねぎ麹 ····· 大さじ1
　｜かたくり粉 ····· 大さじ1
B｜玉ねぎ麹 ····· 小さじ4
　｜しょうゆ ····· 小さじ1
　｜みりん ····· 小さじ1

作り方

1 フライパンに1〜2cm深さまで水を入れて火にかける。ボウルに卵を割りほぐし、ひき肉、Aを加えて練りまぜる。2等分して、片手から片手へ軽く投げるようにして空気を抜き、小判形に成形する。

2 アルミホイルを25×30cmくらいの大きさに2枚切り、中心に**1**をのせ、まぜ合わせた**B**を等分してかける。

3 まいたけは裂き、**2**にのせて、すき間ができないようにアルミホイルでしっかり包む。

4 沸騰した**1**のフライパンに**3**をそっと入れてふたをし、弱めの中火で20〜25分蒸し焼きにする。好みでパンを添えて。

memo

卵はSサイズくらいがちょうどよいです。大きいと肉だねがゆるくなって成形しにくいので、その場合はかたくり粉を大さじ2にしてください。玉ねぎ麹の肉だねは長時間おくとゆるくなるので、早めの加熱を。

ワカモレ風ディップ

アボカド好きはぜひ作ってほしい！
手軽に作れて、おもてなしや
お酒のお供にもピッタリのディップです。

材料（2人分）

アボカド ····· 1個
ミニトマト ····· 4個
レモン汁 ····· 小さじ2
A｜玉ねぎ麹 ····· 大さじ1
　｜にんにくのすりおろし ····· 少々
　｜あらびき黒こしょう ····· 適量
クラッカー ····· 適量

作り方

1 アボカドは適当な大きさに切ってから
ボウルに入れ、フォークなどでペース
ト状になるまでつぶし、レモン汁を
加えてまぜる。

2 ミニトマトはあらいみじん切りにし、
Aとともに1に加えて全体が均一にな
るようにまぜ合わせる。器に盛り、
クラッカーを添える。

memo トルティーヤチップスやトーストと合わせたり、お好みでチリペッパーなどを
加えたりしてもおいしいです。

鶏と野菜のオーブン焼き

華やかになる一品です。
お手軽なのにテーブルが
下準備をしたらオーブンにおまかせ！

材料（3〜4人分）

鶏もも肉 ····· 400g
ブロッコリー ····· ½個
玉ねぎ ····· 1個
じゃがいも ····· 2個
にんじん ····· 1本
ミニトマト ····· 8個
塩麹 ····· 大さじ2
A | 玉ねぎ麹
　　　····· 大さじ3
　　にんにくのすりおろし
　　　····· 小さじ1
　　オリーブオイル
　　　····· 大さじ1

作り方

1 鶏肉は一口大に切ってポリ袋に入れ、塩麹を加えてよくもみ込む。空気を抜いて口を結び30分〜一晩（30分経過後は冷蔵室）つける。

2 オーブンを200度に予熱する。

3 ブロッコリーは小房に分ける。玉ねぎ、じゃがいもはくし形切り、にんじんは乱切りにする。ボウルにすべて入れ、ミニトマトを加え（野菜の総重量は正味約600gが目安）とAも加えてまぜ合わせる。

4 天板にオーブンペーパーを敷き、**1**と**3**を重ならないように広げてのせる。オーブンに入れて200度で20〜25分焼く。

ピーマンの肉詰めのトマト煮

ふんわり肉だねとジューシーなピーマンが
玉ねぎ麹のたれとからんで食欲をそそります。
子どももピーマンをパクパク食べてくれる一品！

材料 (2人分)

ピーマン ⋯⋯ 6個
豚ひき肉 ⋯⋯ 200g
卵 ⋯⋯ 1個
A | 玉ねぎ麹 ⋯⋯ 大さじ1
　 | かたくり粉 ⋯⋯ 大さじ1
B | 水 ⋯⋯ 150㎖
　 | 玉ねぎ麹 ⋯⋯ 大さじ1
　 | トマトケチャップ ⋯⋯ 大さじ2
　 | しょうゆ ⋯⋯ 大さじ½
米油 ⋯⋯ 大さじ½

作り方

1 ピーマンはヘタ部分を薄く切り落とし、種をとり出す。

2 ボウルに卵を割りほぐし、ひき肉、Aを加えて練りまぜ、ピーマンに詰める。

3 フライパンに油を熱し、**2**の肉の面を下にして入れ、焼き目がついたら横にして転がしながら全体を焼く。

4 全体に軽く焼き色がついたらBを加えてまぜ、煮立ったらふたをして弱火で途中転がしながら10～15分煮込む。ふたをあけ、好みの水分量になるまで汁けをとばす。

白身魚フライ 玉ねぎ麹タルタル

玉ねぎ麹でコクうまな
タルタルソースが完成！
サクふわなフライはもちろん、
サンドイッチなどにも◎。

材料（2人分）

白身魚（たらなど）…… 2 切れ
塩麹 …… 小さじ 2
マヨネーズ …… 大さじ 1
パン粉 …… 適量
米油 …… 適量
〈玉ねぎ麹タルタル〉
ゆで卵 …… 1 個
A ┤ 玉ねぎ麹 …… 小さじ 1
　　マヨネーズ …… 大さじ 1½

memo

下味の塩麹の量は、魚の重量の
10％が目安です。タルタルのマ
ヨネーズを塩麹マヨネーズ（45
ページ）にしても！

作り方

1 白身魚は水分をキッチンペーパーで
ふきとり、バットなどに並べて塩麹を
表面全体に塗り、15 分〜一晩（30
分経過後は冷蔵室）つける。

2 玉ねぎ麹タルタルを作る。ゆで卵は
こまかく刻んでボウルに入れ、A を
加えてまぜ合わせる。

3 1の塩麹を軽く落としてマヨネーズを
表面全体に塗り、パン粉を押さえつ
けるようにして全体にまぶす。

4 フライパン一面に行き渡るくらいの油
を入れて 170 〜 180 度に熱し、3 を
入れて両面揚げ焼きにする。器に盛
り、2 をかけ、あればレタスやミニト
マトを添える。

麹豆乳クリームシチュー

ルー不要、シチューの味つけは玉ねぎ麹ひとつだけ！やさしい味でコクうま、子どもから大人まで楽しめます。

材料（4人分）

鶏もも肉 ····· 200g
塩麹 ····· 大さじ1
玉ねぎ ····· 1個
にんじん ····· 1本
じゃがいも ····· 小2個
しめじ ····· ½パック
ブロッコリー ····· ½個
A | 水 ····· 300㎖
　 | 玉ねぎ麹 ····· 大さじ3
無調整豆乳 ····· 200㎖
米粉 ····· 大さじ3
バター ····· 10g

memo

お好みの肉や野菜で楽しんでください。

作り方

1 鶏肉は一口大に切ってポリ袋に入れ、塩麹を加えてもみ込み、空気を抜いて口を結び30分～一晩（30分経過後は冷蔵室）つける。

2 玉ねぎはくし形切り、にんじんは乱切り、じゃがいもは食べやすい大きさに切る。しめじは石づきをとってほぐし、ブロッコリーは小房に分ける。

3 なべを熱してバターをとかし、鶏肉を焼く。途中返して表面全体が色づいたら玉ねぎ、にんじん、じゃがいもを加えていためる。

4 野菜の表面が透き通ってきたらしめじとブロッコリー、Aを加えてひとまぜし、ふたをする。煮立ったら弱火にし、野菜がやわらかくなるまで20～25分煮込む。

5 ボウルに豆乳と米粉を入れてとき、**4**のなべをかきまぜながら回し入れる。ゆっくりまぜながらあたためる（煮立たせない）。

チキンの麹トマト煮込み

たっぷり野菜とやわらかな手羽元でごはんが進む一品。
季節の野菜を加えるのもおすすめです！

材料（4人分）

鶏手羽元 ····· 8本
玉ねぎ麹 ····· 大さじ2½
玉ねぎ ····· 1個
にんじん ····· ½本
じゃがいも ····· 小2個
ピーマン ····· 2個
にんにくのすりおろし
　　····· 小さじ½
A｜トマトピュレ
　　（2倍濃縮）····· 200g
　　水 ····· 150㎖
　　玉ねぎ麹 ····· 大さじ3
　　しょうゆ麹 ····· 小さじ2
オリーブオイル ····· 大さじ1

作り方

1 手羽元はフォークで表面に数カ所穴をあけてポリ袋に入れ、玉ねぎ麹を加えてよくもみ込む。空気を抜いて口を結び30分～一晩（30分経過後は冷蔵室）つける。

2 玉ねぎはくし形切り、にんじんは乱切り、じゃがいもとピーマンは食べやすい大きさに切る。

3 深めのフライパンにオリーブオイルを熱してにんにくをいため、香りが立ったら手羽元を入れて転がしながら全体に焼き目をつけ、いったんとり出す。

4 続けてフライパンに玉ねぎ、にんじん、じゃがいもを入れていため、表面が透き通ってきたらピーマン、Aを加え、3を戻し入れてまぜ合わせ、ふたをして弱火で野菜がやわらかくなるまで20分ほど煮込む。

フライパンパエリア

フライパンひとつで簡単！
仕上げにしっかり加熱することで、
ベチャッとならずおいしく炊けます。
おもてなしにもピッタリ！

材料（4人分）

米 ····· 360㎖（2合）
冷凍シーフードミックス ····· 200g
ピーマン ····· 1個
にんじん ····· 1/3本
玉ねぎ ····· 1/4個
ミニトマト ····· 10個
にんにくのすりおろし ····· 小さじ1/2
A ┃ 水 ····· 500㎖
　 ┃ 玉ねぎ麹 ····· 大さじ3
　 ┃ しょうゆ ····· 小さじ2
　 ┃ カレー粉 ····· 小さじ1/2
　 ┃ 塩 ····· 少々
オリーブオイル ····· 大さじ1 1/2

作り方

1 ボウルに水200㎖、塩小さじ1（分量外）を入れてまぜ、塩がとけたらシーフードミックスを加えて解凍し、ざるに上げる。

2 ピーマンは縦に細切り、にんじんと玉ねぎはみじん切りにする。ミニトマトは半分をみじん切り、残りを縦半分に切る。Aはまぜ合わせる。

3 フライパンにオリーブオイルを熱してにんにくをいため、香りが立ったらにんじん、玉ねぎ、みじん切りのミニトマトを加えていためる。しんなりしてきたら1を加えていため合わせ、油が回ったらシーフードミックスをとり出す。

4 続けて米（洗わない）を加えていため、米粒が透き通ってきたらAを加えてまぜ、表面を平たくととのえる。一度火を止めてシーフードミックス、ピーマン、半分に切ったミニトマトをバランスよくのせる。

5 再び火にかけて煮立ってから3分加熱し、ふたをして弱火で15分炊く。火を止めてそのまま10分蒸らし、ふたをあけて火にかけ、1〜2分加熱する。

玉ねぎ麹のナポリタン

うまみたっぷり！ まるで喫茶店のナポリタンです。粉チーズやタバスコをかけたり、目玉焼きをのせたり、お好みのアレンジでどうぞ。

材料（2人分）

スパゲッティ ⋯⋯ 160g
玉ねぎ ⋯⋯ ¼個
ピーマン ⋯⋯ 1個
ウインナソーセージ
　⋯⋯ 5〜6本
塩 ⋯⋯ 適量
にんにくのすりおろし
　⋯⋯ 小さじ½
A ｜ トマトケチャップ
　｜　⋯⋯ 大さじ4
　｜ 玉ねぎ麹 ⋯⋯ 大さじ1
　｜ バター ⋯⋯ 5g
オリーブオイル ⋯⋯ 大さじ1

作り方

1 玉ねぎは繊維に沿って薄切り、ピーマンは細切り、ソーセージは斜め薄切りにする。

2 なべにたっぷりの湯を沸かし、塩をとかしてスパゲッティを袋の表示どおりにゆでる。

3 フライパンにオリーブオイルを熱してにんにくをいため、香りが立ったら1を加えていためる。玉ねぎが透き通ってきたら、Aを加えていため合わせ、ケチャップの酸味をとばす。

4 2のゆで汁大さじ6を加えてまぜ合わせる。スパゲッティがゆで上がったらざるに上げてから加え、いため合わせる。

ペッパーランチ風ごはん

麹のつけだれと焦がししょうゆで香ばしさ満点。
ホットプレートでワイワイ作るのも楽しいです！

材料（2人分）

あたたかいごはん
　……1合分（約330g）
牛こまぎれ肉 …… 150g
A｜玉ねぎ麹 …… 大さじ1
　｜しょうゆ …… 小さじ2
　｜みりん …… 小さじ2
　｜にんにくのすりおろし
　｜　…… 好みで小さじ½
冷凍コーン …… 30g
バター …… 10g
しょうゆ …… 大さじ1
米油 …… 大さじ½
あらびき黒こしょう …… 適量
小ねぎの小口切り …… 適量

作り方

1　ポリ袋に牛肉とAを入れてよくもみ込み、空気を抜いて口を結び15分〜一晩（30分経過後は冷蔵室）つける。

2　フライパンに油を熱し、1をいためる。肉の色が変わったらごはんとコーン、バターを加えていため合わせる。少し端に寄せてあいたところにしょうゆを加え、少しあたためてふつふつしたら全体をまぜ合わせる。あらびき黒こしょうを振り、小ねぎを散らす。

和風スープパスタ

玉ねぎ麹がだしのような役割もしてくれる、スープがほっこりおいしい和風パスタです。

材料（2人分）

スパゲッティ ····· 200g
冷凍ほうれんそう ····· 60g
玉ねぎ ····· ½個
しいたけ ····· 2個
ベーコン ····· 4枚
にんにくのすりおろし ····· 小さじ1
塩 ····· 適量
A ┃ 玉ねぎ麹 ····· 大さじ2
　┃ しょうゆ ····· 大さじ2
　┃ 水 ····· 300ml
ごま油 ····· 大さじ1

memo

ほうれんそうは生のものを下ゆでして使ってもOK。やさしい味が好みのかたは、玉ねぎ麹としょうゆを両方小さじ4にしてください。

作り方

1 ほうれんそうは解凍する。玉ねぎは繊維に沿って薄切り、しいたけは石づきをとってかさと軸を薄切りにする。ベーコンは1cm幅に切る。

2 なべにたっぷりの湯を沸かし、塩をとかしてスパゲッティを袋の表示どおりにゆでる。

3 フライパンにごま油を熱してにんにくをいため、香りが立ったら玉ねぎとベーコンを加える。玉ねぎが透き通ってきたらほうれんそうとしいたけを加える。

4 2のゆで汁大さじ4を加えてまぜ合わせ、Aを加える。スパゲッティがゆで上がったらざるに上げてから加えてまぜる。

麹 ホワイトソースドリア

野菜嫌いさんも喜んで食べてくれる一品。
ホワイトソースを別で作る必要がないので楽ちんです!

材料（2～3人分）

あたたかいごはん …… 適量
冷凍ほうれんそう …… 50g
冷凍コーン …… 30g
玉ねぎ …… ½個
鶏ひき肉 …… 150g
A｜玉ねぎ麹 …… 大さじ 1 ½
　｜しょうゆ麹 …… 小さじ 1
米粉 …… 大さじ 2
無調整豆乳 …… 150ml
ピザ用チーズ …… 適量
パン粉 …… 適量
無塩バター …… 10g

memo

米粉は小麦粉でも OK。しょう
ゆ麹をしょうゆにおきかえる場合
は小さじ½にしてください。

作り方

1 ほうれんそうとコーンは解凍する。玉ねぎは繊維に沿って薄切りにする。

2 フライパンを熱してバターをとかし、玉ねぎとひき肉を入れてほぐしいためる。肉の色が変わったらほうれんそうとコーン、A を加えていためる。

3 米粉を振り入れ、まぜ合わせて全体になじんだら豆乳を少しずつ加えてのばし、あたたまったら火を止める。

4 耐熱容器にごはんを入れ、**3** を全体にかけてならし、ピザ用チーズとパン粉をかける。オーブントースターに入れて 200 度で 5 分ほど、チーズがとけてこんがりするまで焼く。

ルー不要 基本の麹カレー

材料（4人分）

豚こまぎれ肉 ····· 200g
玉ねぎ ····· 1個
にんじん ····· 1本
じゃがいも ····· 2個
A｜トマトピュレ（2倍濃縮）
　　　 ····· 100g
　｜玉ねぎ麹 ····· 大さじ3
　｜しょうゆ麹 ····· 大さじ3
　｜カレー粉 ····· 大さじ1
　｜甘麹（114ページ）
　　　 ····· あれば大さじ1〜2
　｜水 ····· 400㎖
B｜米粉 ····· 大さじ3
　｜水 ····· 100㎖
米油 ····· 大さじ1
あたたかいごはん ····· 適量

作り方

1 玉ねぎはくし形切り、にんじんは乱切りにし、じゃがいもは食べやすい大きさに切る。

2 なべに油を熱して豚肉を焼く。肉の色が変わってきたら**1**を加えていためる。野菜の表面が透き通ってきたらAを加えてまぜ合わせ、ふたをして煮る。煮立ったらアクをとり、野菜がやわらかくなるまで弱火で20〜25分煮込む。

3 ボウルにBを入れてまぜてなじませ、**2**に回し入れ、ゆっくりまぜながら1分以上しっかり加熱する。器にごはんを盛り、カレーをかける。

即席ピザトースト

材料（2人分）

食パン（6枚切り）····· 2枚
玉ねぎ ····· ⅓個
ピーマン ····· 1個
ベーコン ····· 2枚
ピザ用チーズ ····· 適量
A｜玉ねぎ麹 ····· 小さじ1
　｜トマトケチャップ ····· 小さじ4

作り方

1 玉ねぎは薄切り、ピーマンは輪切り、ベーコンは細切りにする。

2 Aをまぜ合わせて食パンに塗り、**1**を散らしてピザ用チーズをかけ、オーブントースターに入れて200度で4〜5分、チーズがとけてこんがりするまで焼く。

人気のルー不要レシピ。
野菜はレンジ加熱すると、
煮込み時間が短縮できます。
お好みの肉、季節の野菜で楽しんで。

玉ねぎ麹の即席ピザソースが抜群！ 焼く前の状態で
冷凍作りおきも OK！ 約 2 週間保存できます。

アボカドサラダ

ほんのり甘い
メープルオニオンドレッシングをかけて。
パンを添えれば、立派なランチに！

材料 (2人分)

アボカド ⋯⋯ 1個
レタス ⋯⋯ 4枚
ミニトマト ⋯⋯ 6個
素焼きミックスナッツ
　（アーモンド、カシューナッツ、くるみ、
　マカダミアナッツなど）⋯⋯ 適量
〈メープルオニオンドレッシング〉
玉ねぎ麹 ⋯⋯ 大さじ1
オリーブオイル ⋯⋯ 大さじ1
メープルシロップ ⋯⋯ 小さじ1
あらびき黒こしょう ⋯⋯ 適量

作り方

1 アボカドは縦半分に切ってから薄切り、レタスは食べやすい大きさにちぎる。ミニトマトは半分に切り、ミックスナッツは砕くか包丁で刻む。

2 ボウルにドレッシングの材料をすべて入れ、よくまぜる。

3 器に1を盛り、2をかける。

memo　ドレッシングのメープルシロップは、はちみつなどほかの液体甘味料でもOKです。

和風玉ねぎドレッシング

材料 （1回分）

玉ねぎ麹 ⋯⋯ 大さじ½
ごま油 ⋯⋯ 大さじ½
みそ ⋯⋯ 小さじ½
酢 ⋯⋯ 小さじ½

memo

サラダの具材は、レタス、水菜、海藻、きゅうり、ほうれんそう、貝割れ菜、オクラ、のり、とうふなどがおすすめ。

作り方

小びんやボウルに材料をすべて入れてよくまぜる。

洋風玉ねぎドレッシング

材料 （1回分）

玉ねぎ麹 ⋯⋯ 小さじ1
オリーブオイル ⋯⋯ 小さじ1
しょうゆ ⋯⋯ 小さじ½
酢 ⋯⋯ 小さじ½
メープルシロップ
　⋯⋯ 小さじ½
にんにくのすりおろし
　⋯⋯ 好みで少々

memo

サラダの具材は、レタス、トマト、アボカド、スナップえんどう、ブロッコリー、ベーコンなどがおすすめ。

作り方

小びんやボウルに材料をすべて入れてよくまぜる。

手羽のカレースープ

カレー味でゴロゴロ野菜がおいしい、
食べごたえのあるスープです。

材料 (2人分)

鶏手羽元 ····· 4本（約250g）
塩麹 ····· 大さじ1
にんじん ····· ⅓本
玉ねぎ ····· ¼個
れんこん ····· 100g
ブロッコリー ····· ½個
にんにくのすりおろし ····· 小さじ½
A｜玉ねぎ麹 ····· 大さじ1
　｜しょうゆ ····· 大さじ½
　｜カレー粉 ····· 小さじ½
オリーブオイル ····· 大さじ½

作り方

1 鶏手羽元はフォークで表面に穴をあけてポリ袋に入れ、塩麹を加えてもみ込む。空気を抜いて口を結び30分〜一晩（30分経過後は冷蔵室）つける。

2 にんじんは乱切り、玉ねぎはくし形切り、れんこんは6〜7mm厚さの輪切り、ブロッコリーは小房に分ける。

3 なべにオリーブオイルを熱してにんにくをいため、香りが立ったら**1**を入れて転がしながら焼く。表面全体に焼き色がついたら水400ml、にんじん、玉ねぎ、れんこんを加える。

4 煮立ったらアクをとり、Aとブロッコリーを加えてふたをして野菜がやわらかくなるまで弱火で10〜15分煮る。

ちゃんぽん風スープ

コクうまなのにさっぱり、
めんなしのヘルシーちゃんぽん。
やさしい味が好みのかたは、
玉ねぎ麹としょうゆを
減らしてください。

材料 (2人分)

豚こまぎれ肉 ⋯⋯ 100g
キャベツ ⋯⋯ 1/10個
にんじん ⋯⋯ 1/3本
にら ⋯⋯ 3本
もやし ⋯⋯ 100g
冷凍コーン ⋯⋯ 30g
A | しょうがのすりおろし
  ⋯⋯ 小さじ1/2
  にんにくのすりおろし
  ⋯⋯ 小さじ1/2
B | 水 ⋯⋯ 150㎖
  玉ねぎ麹 ⋯⋯ 大さじ2
  しょうゆ ⋯⋯ 大さじ1
  はちみつ ⋯⋯ 小さじ1/2
無調整豆乳 ⋯⋯ 150㎖
ごま油 ⋯⋯ 大さじ1/2

作り方

1 キャベツはざく切り、にんじんは短冊切り、にらは5㎝長さに切る。

2 なべにごま油を熱してAをいため、香りが立ったら豚肉を加えていためる。肉の色がほぼ変わったらキャベツ、にんじんを加えて2〜3分いためる。

3 Bを加えて煮立ったらふたをして弱火にし、ときどきまぜながら野菜がくったっとするまで煮る。

4 もやし、コーン、にらを加えてまぜ、1〜2分煮込み、豆乳を加えてあたためる（煮立たせない）。

中濃ソース

材料と作り方

りんご 30g と玉ねぎ、にんじん各 10g をすりおろしてボウルに入れ、生麹 50g、しょうゆ 40g、酢 5g、オールスパイス（パウダー）適量を加えてよくまぜる。清潔な容器に入れ、ヨーグルトメーカーで 60 度 8 時間発酵させる。でき上がったらブレンダーなどでなめらかにする。

★乾燥麹の場合は、乾燥麹 40g、水 10g を加えてください。

コチュジャン

材料と作り方

ごはん 10g、水 50g をまぜて 60 度以下に冷ます。ほぐした生麹 50g、塩 8g、韓国粉とうがらし（細びき）10g を加えてまぜ合わせる。清潔な容器に入れ、ヨーグルトメーカーで 60 度 8 時間発酵させる。

★乾燥麹の場合は、乾燥麹 40g、水 60g にして作ってください。
★まぜるだけの即席バージョンも！ 甘麹（114 ページ）60g、塩 8g、韓国粉とうがらし（細びき）10g をよくまぜる。

白みそ

材料と作り方

生麹 150g をほぐして塩 23g をまぜ、ポリ袋に入れてつぶした水煮大豆 150g、水 25g を加えて均一になるようにまぜ合わせる。清潔な容器に入れ、ヨーグルトメーカーで 60 度 8 時間発酵させる。

しょうが麹

材料と作り方

生麹 50g をほぐして塩 15g をまぜ、しょうがのすりおろし 40g、水 50g を加えて均一になるようにまぜ合わせる。清潔な容器に入れ、ヨーグルトメーカーで 60 度 8 時間発酵させる。

★常温発酵も OK（1 日 1 回かきまぜる。夏場 4 ～ 5 日、冬場 1 ～ 2 週間）。
★乾燥麹の場合は、麹同量、塩 18g、水 80g にして作ってください。

※分量はすべて作りやすい分量にしています。材料はすべて g 表記です。

発酵させるものからまぜるだけのものまであるので、時間があるときにぜひ作ってみてください。

めんつゆ

材料と作り方

小なべにみりん、酒各 50g を入れて火にかけ、1 〜 2 分沸かして煮切り、60 度以下に冷ます。ほぐした生麹、しょうゆ各 50g、かつお粉、昆布粉各 1g を加えて均一にまぜ合わせる。清潔な容器に入れ、ヨーグルトメーカーで60 度 8 時間発酵させる。

★乾燥麹の場合は、乾燥麹 40g、水10g を加えてください。
★発酵なしの即席バージョンも！ みりん、酒各 50g を同様に煮切って冷まし、しょうゆ麹 50g、かつお粉、昆布粉各 1g をまぜ合わせる。

トマトケチャップ

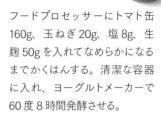

材料と作り方

フードプロセッサーにトマト缶160g、玉ねぎ 20g、塩 8g、生麹 50g を入れてなめらかになるまでかくはんする。清潔な容器に入れ、ヨーグルトメーカーで60 度 8 時間発酵させる。

★乾燥麹の場合は、乾燥麹 40g、水10g を加えてください。
★まぜるだけの即席バージョンも！ トマトピュレ 50g、玉ねぎ麹、しょうゆ麹各小さじ 1½、甘麹小さじ 2 をまぜ合わせる。

焼肉のたれ

材料と作り方

玉ねぎ 40g、にんにく、しょうが各 1.5g をすりおろし、ほぐした生麹 50g、しょうゆ 70g をまぜ合わせる。清潔な容器に入れ、ヨーグルトメーカーで 60 度 8 時間発酵させ、ブレンダーなどでなめらかにする。

★乾燥麹の場合は、乾燥麹 40g、水10g を加えてください。
★まぜるだけの即席バージョンも！ 甘麹大さじ 1、しょうゆ麹大さじ 1½、玉ねぎ麹大さじ½をよくまぜる。

にんにく麹

材料と作り方

生麹 50g をほぐして塩 15g をまぜ、にんにくのすりおろし 30g、水 50g を加えて均一になるようにまぜ合わせる。清潔な容器に入れ、ヨーグルトメーカーで 60 度 8 時間発酵させる。

★常温発酵も OK（1 日 1 回かきまぜる。夏場 4 〜 5 日、冬場 1 〜 2 週間）。
★乾燥麹の場合は、麹同量、塩 18g、水 80g にして作ってください。

甘麹

中華麹

りんご麹

———

麹調味料はさまざまな食材で作ることができます。塩麹・しょうゆ麹・玉ねぎ麹をマスターしたら、ぜひ作ってほしい厳選3調味料を紹介します。

甘麹 の作り方

飲む点滴といわれる甘麹。水やミルクで割って甘酒として飲むもよし！料理の甘みづけにも重宝します。

材料 （作りやすい分量）

生麹 ····· 100g
A ┃ ごはん ····· 100g
　┃ 水 ····· 100㎖

※乾燥麹の場合は、麹同量、水 130 ～ 140㎖ にして作ってください。

作り方

まぜた A を 60 度以下に冷まし、ほぐした生麹を加えまぜる。清潔な容器に入れて表面をならしてふたをし、ヨーグルトメーカーで 60 度 8 時間発酵させる。

※温度をかけて発酵させることで甘みを出しているので、ヨーグルトメーカーや低温調理器などで発酵させてください。
※ごはんなしで作るとすっきりとした甘さになります。

◎発酵しはじめ 1 ～ 2 時間は数回、底からしっかりかきまぜる

発酵し始めて 1 時間たつと麹が水分を吸って表面がパサついてきます。2 時間目以降少しずつ水分がもどってきますが、だんご状になって水分が足りないときは少しずつ水を追加してください。

保存

・冷蔵で 2 週間
・冷凍で 1 カ月

飲みたいときにパパッと作れる、やさしい甘さのさわやかなジュース。

ジンジャーエール

材料と作り方 （1 人分）

コップに甘麹大さじ 5 ～ 6、しょうがのすりおろし小さじ½～好みの量、炭酸水 200㎖ を入れてまぜ合わせ、シナモンパウダー少々を振る。

麹フレンチトースト

しっとりぷるん。やさしい甘さなのに
コクがあっておいしい！
ハマる人続出のフレンチトーストです。

材料（2人分）

食パン（6枚切り）⋯⋯ 2枚
卵 ⋯⋯ 1個
甘麹 ⋯⋯ 80g
無調整豆乳 ⋯⋯ 80㎖
バター ⋯⋯ 10g

作り方

1 バットなどに卵を割りほぐし、甘麹と
豆乳を加えてまぜる。

2 食パンを十字に4等分に切って**1**に
入れ、途中返しながら5分ほどひた
す。

3 フライパンを熱してバターをとかし、**2**
を並べて焼く。焼き目がついたら返
し、弱火にして5分ほど焼く。

memo 手作り甘麹は、食パンを長時間ひたしすぎるとドロドロになるので気をつけ
て。お子さんと食べるとき、火の通りが気になるようであればレンジで再加
熱してください。豆乳はお好みのミルクにしても。

スコップレアチーズケーキ

材料 （500mlの容器1個分）

クリームチーズ …… 100g
無調整豆乳 …… 50ml
粉ゼラチン …… 5g
バター …… 15g
ビスケット …… 30g
甘麹 …… 100g
プレーンヨーグルト …… 80g
レモン汁 …… 大さじ1

作り方

1 クリームチーズはボウルに入れて室温にもどす。耐熱容器に豆乳を入れてゼラチンを振り入れてふやかす。

2 バターを別の耐熱容器に入れて、ラップをかけずに 600W の電子レンジで 40 秒加熱してとかす。砕いたビスケットを加えてまぜ、容器の底に平らに敷き詰める。

3 1のチーズを泡立て器で練りまぜ、甘麹とヨーグルトを加えてまぜ合わせる。

4 1の豆乳を、ラップをふんわりかけて電子レンジで 20 秒加熱し、まぜてゼラチンをとかす。

5 3にレモン汁を加えてまぜ、4を少しずつ加えてまぜ合わせる。2の容器に流し入れ、冷蔵室で 2 ～ 3 時間冷やし固める。

白身魚の甘麹みそ焼き

甘麹とみその発酵調味料のかけ合わせで、ふっくらコクうま。
塗って焼くだけで料理上手になれちゃいます！

材料 (2人分)

白身魚（たらなど）
　　…… 2切れ（200g）
塩 …… 少々
甘麹 …… 大さじ1
みそ …… 大さじ1
酒 …… 大さじ1
米油 …… 大さじ½

memo

甘麹とみそは1：1の割合です。
魚に合わせて量を調整してくださ
い。

作り方

1　魚に塩を振り、10分ほどおいてキッ
　チンペーパーで水けをふきとり、バッ
　トに並べ入れる。

2　甘麹とみそをまぜて1の両面に塗り、
　ラップを密着させるようにかぶせて冷
　蔵室で2時間〜一晩漬ける。

3　フライパンに油を熱し、魚についた
　甘麹みそを落として、盛るときに上面
　になるほうから焼く。焼き目がついた
　ら返し、酒を振ってふたをして弱火
　で3〜4分（厚みがある場合は4〜5分）
　焼く。器に盛り、あれば青じそなど
　を添える。

中華麹 の作り方

香味野菜を発酵させて本格中華の味に！ これがあれば中華スープのもといらずです。

材料（作りやすい分量）

生麹 ⋯⋯ 100g
塩 ⋯⋯ 40g
A｜ねぎ ⋯⋯ 100g
　｜しょうが ⋯⋯ 40g
　｜にんにく ⋯⋯ 30g
水 ⋯⋯ 100mℓ

作り方

A は適当な大きさに切ってからフードプロセッサーでなめらかになるまでかくはんする（すりおろしてもOK）。ボウルに生麹を入れてほぐし、塩を加えてまぜ合わせ、A、水を加えてまぜ合わせる。清潔な容器に入れて表面をならしてふたをし、発酵させる。

※乾燥麹の場合は、塩43g、水130mℓにして作ってください。
※発酵すると青緑色に変化することがありますが、にんにくやねぎの成分によるもので体には無害です。

◎発酵は常温、ヨーグルトメーカー、どちらでも OK

常温発酵の場合は1日1回清潔なスプーンでかきまぜ、夏場は4～5日、冬場は7～10日。ヨーグルトメーカーの場合は60度8時間。麹の芯がなく指でつぶせるくらいになっていれば完成です。

保存

・冷蔵で2カ月
・冷凍で4カ月

カップに材料を入れて湯を注ぐだけ！
忙しい朝に大活躍するスープです。

即席中華スープ

材料と作り方 （1人分）

耐熱カップに中華麹大さじ1、乾燥わかめひとつまみ、いり白ごま、ごま油各少々を入れ、熱湯150～180mℓを注いでまぜる。

もやしとトマトの中華あえ

中華麹の香味野菜が、おいしさを引き立てるポイント。
とうふやハムを加えてもおいしいです。

材料（2〜3人分）

もやし ⋯⋯ 100g
トマト ⋯⋯ ½個
きゅうり ⋯⋯ ½本
乾燥わかめ ⋯⋯ 1g
A｜中華麹 ⋯⋯ 小さじ2
　｜しょうゆ ⋯⋯ 大さじ1
　｜ごま油 ⋯⋯ 小さじ½
　｜いり白ごま ⋯⋯ 適量

作り方

1 もやしは耐熱容器に入れ、ラップをふんわりかけて600Wの電子レンジで2分加熱し、冷水にとって冷まし水けをしっかりきる。

2 トマトは4等分のくし形切りにしてから半分に切る。きゅうりは細切りにする。わかめは水でもどし、大きければ食べやすい大きさに切る。

3 ボウルにAをまぜ合わせ、1、2を加えてあえる。

memo 中華麹を加熱していないためお子さんには少し刺激が強いかもしれません。その場合は中華麹を控えめにしてください。

マーボーどうふ

中華麹のおかげで香味野菜の準備いらず！豆板醤をみそにすれば辛さ控えめに。

材料（2人分）

木綿どうふ …… 300g
豚ひき肉 …… 150g
玉ねぎ …… ¼個
にんじん …… ¼本
A｜中華麹 …… 大さじ1½
　｜みそ …… 小さじ2
　｜豆板醤 …… 小さじ1
B｜水 …… 200mℓ
　｜しょうゆ …… 大さじ½
C｜かたくり粉 …… 大さじ½
　｜水 …… 大さじ1
ごま油 …… 大さじ½

作り方

1 とうふは2〜3cm角に切る。玉ねぎとにんじんはみじん切りにする。A、B、Cはそれぞれまぜる。

2 フライパンにごま油を熱し、玉ねぎとにんじんをいため、しんなりしてきたらひき肉とAを加えてほぐしいためる。

3 肉の色が変わったらBととうふを加え、煮立ったら弱火にして5分ほど煮る。一度火を止めて、Cの水どきかたくり粉を回し入れて、まぜながら再び1〜2分加熱する。器に盛り、好みで小ねぎの小口切りを散らす。

サムゲタン風

もみ込んで煮込むだけの簡単調理。
野菜もたっぷりで、食べごたえのある一品です！

材料（2人分）

鶏手羽元 …… 4本（約250g）
ねぎ …… ½本
にんじん …… ¼本
大根 …… 3cm
塩麹 …… 小さじ4
A｜中華麹 …… 大さじ1
　｜水 …… 300㎖
米 …… 大さじ1

作り方

1　鶏手羽元に塩麹をもみ込み、30分以上（30分経過後は冷蔵室）つける。

2　ねぎは斜め薄切り、にんじんは細切り、大根は3mm厚さのいちょう切りにする。

3　なべにA、1、2を入れ、ふたをして火にかける。煮立ったらアクをとって米を加え、弱火で15〜20分煮る。

りんご麹 の作り方

食物繊維たっぷりのりんごを使った甘麹。ジャムがわりや、料理の甘味料としても活躍します！

材料（作りやすい分量）

生麹 ⋯⋯ 100g
りんごのすりおろし ⋯⋯ 200g

※乾燥麹の場合も同量で作れます。

作り方

ボウルにほぐした生麹、りんごを入れてまぜる。清潔な容器に入れて表面をならしてふたをし、ヨーグルトメーカーで60度8時間発酵させる。

※温度をかけて発酵させることで甘みを出しているので、ヨーグルトメーカーや低温調理器などで発酵させてください。

◎発酵しはじめ1～2時間は数回、底からしっかりかきまぜる

発酵し始めて1時間たつと麹が水分を吸って表面がパサついてきます。2時間目以降少しずつ水分がもどってきますが、だんご状になって水分が足りないときは少しずつ水を追加してください。

保存

・冷蔵で2週間
・冷凍で1カ月

味はまるでアップルパイ!?
体の中からほっこりあたたまります。

りんごシナモンラテ

材料と作り方（1人分）

耐熱カップにりんご麹大さじ2、好みのミルク180㎖を入れてまぜ、ラップをかけずに600Wの電子レンジで1分30秒加熱する。シナモンパウダー少々を振る。

簡単アップルパイ

ギョーザの皮とりんご麹を使って、よりおいしく簡単に食べるアップルパイ。りんご麹を包んで焼くだけでもOK!

材料（15個分）

りんご …… ¼個
バター …… 5g
A りんご麹 …… 100g
米粉 …… 大さじ1
シナモンパウダー
…… 適量
ギョーザの皮 …… 15枚
みりん …… 適量

作り方

1 りんごはみじん切りにして耐熱ボウルに入れ、バターをのせてラップをふんわりかけ、600Wの電子レンジで1分30秒加熱する。とり出してAを加えてまぜ、あら熱をとる。

2 オーブンを180度に予熱する。ギョーザの皮1枚に**1**を大さじ½ほどのせ、縁に水少々をつけて半分に折り、フォークで押さえてしっかり閉じる。

3 天板にオーブンペーパーを敷いて**2**を並べ、片面に刷毛やスプーンでみりんを薄く塗り、オーブンに入れて180度で15分焼く。

りんご麹の豆乳パンナコッタ

砂糖、生クリーム不使用！ もっちり濃厚で、
子どもも夢中で食べるデザートです。
豆乳はお好みのミルクにかえてもOK。

材料（200mℓの容器2個分）

りんご麹 ‥‥ 200g
無調整豆乳 ‥‥ 200mℓ
粉ゼラチン ‥‥ 6g
〈トッピング〉
りんご麹 ‥‥ 小さじ1
A｜りんごの角切り ‥‥ 適量
　｜レモン汁 ‥‥ 適量

作り方

1 ボウルに豆乳80mℓを入れ、ゼラチン
を振り入れてふやかす。

2 なべにりんご麹と豆乳120mℓを入れ
て火にかけ、あたたまってきたら**1**を
少しずつ加えてまぜ合わせ、ゼラチ
ンをとかす。

3 火を止めてあら熱をとり、容器に流し
入れて冷蔵室で2時間以上冷やし固
める。トッピングのりんご麹とまぜた
Aを等分してのせる。

りんご麹グラノーラ

やさしい甘さでザクザク食感が楽しい！
そのままはもちろん、ミルクやヨーグルトと合わせても◎。

材料（作りやすい分量）

A｜ オートミール（ロールドオーツ）
　　　 ⋯⋯ 100g
　　 米粉 ⋯⋯ 30g
　　 塩 ⋯⋯ ひとつまみ
　　 シナモンパウダー
　　　 ⋯⋯ 好みで少々
りんご麹 ⋯⋯ 120g
米油 ⋯⋯ 25g

memo

焼くときにできるだけかたまりをほぐして薄く広げると、ザクザク食感になりやすいです。5歳以下のお子さんと食べる場合は、子ども用をとり分けたあとにナッツを加えてください。

作り方

1 オーブンを170度に予熱する。

2 ボウルにAを入れてまぜ合わせ、りんご麹、米油を加えてまぜ合わせる。オーブンペーパーを敷いた天板に薄く広げ、オーブンに入れて170度で10分焼く。

3 一度とり出し、木べらなどでまぜてほぐし、再びオーブンに入れて170度で10分焼く。とり出して、好みで砕いたミックスナッツや刻んだドライフルーツを加えまぜ、そのまま冷ます。冷めたらほぐす。

まむまむ

発酵料理オンライン教室「Comfy koji table」主宰。腸質改善アドバイザー、幼児食インストラクター。麹調味料との出合いにより、自身の体調だけでなく心持ちも向上。その経験をもとにインスタグラム、レシピサイト Nadia などで初心者にも始めやすい発酵・麹レシピを展開する。免疫や腸活などの機能に注目が集まるなか、「おいしく楽しく心地よい食生活」をモットーに、肩の力を抜いた健康的な料理が評判を呼び、フォロワーを増やしている。2 児のママ。
●インスタグラム
https://www.instagram.com/mammam_kurashi/
●発酵料理オンライン教室情報は公式 LINE から ▶

装丁・本文デザイン／野本奈保子（ノモグラム）
撮影／佐山裕子（主婦の友社）、まむまむ
編集／須永久美
DTP／伊大知桂子（C- パブリッシングサービス）
編集担当／宮川知子（主婦の友社）

撮影協力／間琉 maru

はじめてでもこれならできる
麹のレシピ帖

2024 年 4 月 20 日　第 1 刷発行
2024 年 7 月 20 日　第 3 刷発行

著　者　　まむまむ
発行者　　丹羽良治
発行所　　株式会社主婦の友社
　　　　　〒 141-0021　東京都品川区上大崎 3-1-1 目黒セントラルスクエア
　　　　　電話 03-5280-7537（内容・不良品等のお問い合わせ）
　　　　　　　　049-259-1236（販売）
印刷所　　大日本印刷株式会社

Ⓒ mammam 2024　Printed in Japan　ISBN978-4-07- 456740-9

麹調味料早見表

塩麹

生麹の場合

米麹 100g
塩 30g
水 ..... 100㎖（g）

乾燥麹の場合

米麹 100g
塩 35g
水 ..... 130㎖（g）

p.16

使い方（目安）

作り方動画 ▶

◎ 塩とおきかえる場合、2倍量の塩麹を使用
　塩：塩麹 ＝ 1：2

◎ 肉、魚介の下味は食材の重量の10％
　200gに対し 塩麹大さじ1（約20g）

◎ 野菜の味つけは食材の重量の8％
　250gに対し 塩麹大さじ1

◎ スープ類の味つけ
　液体200㎖に対し 塩麹大さじ1

※発酵途中で水分が足りなくなったときは、塩7g＋水50㎖を追加

しょうゆ麹

生麹の場合

米麹 100g
しょうゆ ..... 150㎖（約170g）

乾燥麹の場合

米麹 100g
しょうゆ ..... 190㎖（約220g）

※ヨーグルトメーカーで発酵する場合は＋しょうゆ50㎖がおすすめ

※発酵途中で水分が足りなくなったときは、しょうゆを追加

p.54

使い方（目安）

作り方動画 ▶

◎ しょうゆとおきかえる場合、
　同量のしょうゆ麹を使用
　しょうゆ：しょうゆ麹 ＝ 1：1

◎ 肉、魚介の下味は食材の重量の10％
　200gに対し しょうゆ麹大さじ1（約20g）

◎ 野菜の味つけは食材の重量の8％
　250gに対し しょうゆ麹大さじ1

◎ スープ類の味つけ
　液体200㎖に対し しょうゆ麹大さじ1

玉ねぎ麹

生麹の場合

米麹 100g
玉ねぎ 正味300g
塩 35g

※乾燥麹でも同量で作れます。麹の種類や玉ねぎの個体差でパサつく場合は、水30㎖、塩3gを追加

p.84

使い方（目安）

作り方動画 ▶

◎ コンソメとおきかえる場合
　コンソメキューブ：玉ねぎ麹 ＝
　1個（約5g）：大さじ2〜3 ※

◎ 肉、魚介の下味は食材の重量の10〜12％
　170〜200gに対し 玉ねぎ麹大さじ1（約20g）

◎ 野菜の味つけは食材の重量の10％
　200gに対し 玉ねぎ麹大さじ1

◎ スープ類の味つけ　液体200㎖に対し
　玉ねぎ麹大さじ1＋少量の塩など

※もの足りなく感じる場合は少量の塩やしょうゆなどを加える

キリトリ線

麹調味料ドレッシング （作りやすい分量）

塩麹マヨネーズ

塩麹 …… 大さじ1
無調整豆乳 …… 50ml
米油 …… 100ml
酢 …… 大さじ1

p.45

和風ドレッシング

しょうゆ麹 …… 大さじ1/2
ごま油 …… 大さじ1/2
かつお粉 …… 小さじ1/2
酢 …… 小さじ1/2

p.79

しょうゆ麹マヨネーズ

しょうゆ麹
　…… 大さじ1/2
無調整豆乳 …… 25ml
米油 …… 50ml
酢 …… 大さじ1/2

p.79

シーザードレッシング

塩麹 …… 小さじ1
無調整豆乳 …… 大さじ1
粉チーズ …… 大さじ1
酢 …… 小さじ1/2
オリーブオイル …… 小さじ1
あらびき黒こしょう …… 適量

p.47

洋風玉ねぎドレッシング

玉ねぎ麹 …… 小さじ1
オリーブオイル …… 小さじ1
しょうゆ …… 小さじ1/2
酢 …… 小さじ1/2
メープルシロップ …… 小さじ1/2
にんにくのすりおろし
　…… 好みで少々

p.107

チョレギドレッシング

塩麹 …… 大さじ1/2
ごま油 …… 大さじ1/2
にんにくのすりおろし
　…… 小1/2 かけ分
いり白ごま …… 小さじ1

p.47

メープルオニオンドレッシング

玉ねぎ麹 …… 大さじ1
オリーブオイル …… 大さじ1
メープルシロップ …… 小さじ1
あらびき黒こしょう …… 適量

p.106

和風玉ねぎドレッシング

玉ねぎ麹 …… 大さじ1/2
ごま油 …… 大さじ1/2
みそ …… 小さじ1/2
酢 …… 小さじ1/2

p.107

いろいろ使える！ 簡単合わせだれ （作りやすい分量）

しょうが焼きのたれ

（しょうゆ麹） （みりん） （酒） （しょうがのすりおろし）
大さじ1 ： 大さじ1 ： 大さじ1 ： 小さじ1

使い方：肉・魚 200g、野菜 250g に対し全量

おすすめ食材・料理：豚肉、鶏肉、白身魚、さば、さんま、野菜いためなど

甘麹みそ

（甘麹） （みそ）
大さじ1 ： 大さじ1

使い方：肉、魚、野菜 200g に対し全量

おすすめ食材・料理：白身魚、豚肉、鶏肉のつけ焼き、豚・鶏ひき肉そぼろ、野菜いためなど

照り焼きのたれ

（しょうゆ麹） （みりん） （酒）
大さじ1 ： 大さじ1 ： 大さじ1

使い方：肉・魚 200g、野菜 250g に対し全量

おすすめ食材・料理：鶏もも肉、ぶり、さわら、かじきのつけ焼き、鶏ひき肉そぼろ、野菜いためなど

和風玉ねぎ麹たれ

（玉ねぎ麹） （しょうゆ） （みりん）
大さじ1 ： 小さじ1 ： 小さじ1

使い方：肉・魚 200g に対し全量

おすすめ食材・料理：肉・魚のソテー、ハンバーグにかけて

ねぎ塩麹たれ

（塩麹） （ごま油） （レモン汁） （ねぎのみじん切り）
大さじ1 ： 大さじ1/2 ： 小さじ1 ： 5cm分

使い方：肉・魚 200g、野菜 250g に対し全量

おすすめ食材・料理：肉、魚のつけ焼き、ゆで鶏にかけて、野菜いためなど